营销调研项目化教程

主　编　肖胜昔
副主编　庞德义

电子工业出版社
Publishing House of Electronics Industry
北京·BEIJING

内 容 简 介

在产教融合、校企合作已成为职业教育基本制度的背景下，本教材以真实的营销调研项目为载体，力图展现营销调研理论运用到调研实践中的具体做法，为调研人员提供运用调研知识解决问题的原型；以培养高职生营销调研能力为目标，通过真实的营销调研项目，将营销调研八大模块（确定营销调研主题和具体组成部分、制定营销调研计划书、选择调研方法、设计市场调查问卷、设计抽样方案、实施调研和获取信息、整理分析市场调查资料、撰写营销调研报告）中的知识和具体应用贯穿到整个调研项目中，具有较强的实操性和创新性。

本教材适合市场营销、电子商务、国际贸易等财经类专业高职生使用，对营销调研有兴趣的实际工作者也可参考之。

未经许可，不得以任何方式复制或抄袭本书部分或全部内容。
版权所有，侵权必究。

图书在版编目（CIP）数据

营销调研项目化教程 / 肖胜昔主编. —北京：电子工业出版社，2023.6
ISBN 978-7-121-45567-4

Ⅰ. ①营⋯ Ⅱ. ①肖⋯ Ⅲ. ①市场调查－高等职业教育－教材 Ⅳ. ①F713.52

中国国家版本馆 CIP 数据核字（2023）第 081307 号

责任编辑：贺志洪　　　　　特约编辑：田学清
印　　刷：涿州市京南印刷厂
装　　订：涿州市京南印刷厂
出版发行：电子工业出版社
　　　　　北京市海淀区万寿路 173 信箱　　邮编：100036
开　　本：787×1092　　1/16　　印张：12.75　　字数：326.4 千字
版　　次：2023 年 6 月第 1 版
印　　次：2023 年 6 月第 1 次印刷
定　　价：41.00 元

凡所购买电子工业出版社图书有缺损问题，请向购买书店调换。若书店售缺，请与本社发行部联系，联系及邮购电话：(010) 88254888，88258888。

质量投诉请发邮件至 zlts@phei.com.cn，盗版侵权举报请发邮件至 dbqq@phei.com.cn。
本书咨询联系方式：010-88254173，qiurj@phei.com.cn。

前　　言

营销调研是市场营销活动的起点。营销调研可以使企业更好地发现市场机会，为企业营销管理者制定营销策略乃至战略提供科学的依据。营销调研现已成为诸多企业竞争制胜的有效武器。"没有调查研究，就没有发言权"成为当今企业的共识，营销调研能力成为营销人才必须具备的专业能力之一。

营销调研能力从内涵上包括确定营销调研主题和具体组成部分、制定营销调研计划书、选择调研方法、设计市场调查问卷、设计抽样方案、实施调研和获取信息、整理分析市场调查资料、撰写营销调研报告等。营销调研能力的培养离不开理论知识，比如，确定营销调研主题和具体组成部分要具备市场营销学知识，选择调研方法和设计抽样方案是以理解各类调研方法和抽样方法为前提的，整理分析市场调查资料的前提是了解统计学相关知识。营销调研能力的培养更离不开调研实践，没有调研实践，学生学到的营销调研理论知识只会停留在理解的层面，不能转化为营销调研能力。为了培养学生的营销调研能力，一些职业院校编写了营销调研的实训教材，在这些实训教材中将营销调研各环节分解成多个实训项目，通过让学生完成这些实训项目，培养学生的营销调研能力。但这些实训教材对学生营销调研能力的培养注重专题性，即各种营销调研能力是分开培养的。比如设计抽样方案是通过真实或虚拟的抽样任务来训练的，营销调研报告是根据现成的调研数据来撰写的。这导致学生的营销调研能力碎片化，学生不能体会到各种营销调研能力之间的内在联系，也不能根据企业的营销调研项目将各种营销调研能力整合运用，最终也会丧失所获得的碎片化的营销调研能力。因此，教师需要选择真实的调研项目，将确定营销调研主题和具体组成部分、制定营销调研计划书、选择调研方法、设计市场调查问卷、设计抽样方案、实施调研和获取信息、整理分析市场调查资料、撰写营销调研报告等营销调研能力整合起来，使学生在完成真实的调研项目任务中，获得全面系统的营销调研能力，并获得学习的成就感。

本教材以营销调研能力培养为导向，按照实际营销调研的流程、内容和要求，选择一个真实的调研项目（A 高校眼镜市场调研），将营销调研八大模块（确定营销调研主题和具体组成部分、制定营销调研计划书、选择调研方法、设计市场调查问卷、设计抽样方案、实施调研和获取信息、整理分析市场调查资料、撰写营销调研报告）

中的知识和具体应用贯穿到整个调研项目中。营销调研的每个模块都包含两部分内容：一部分是关于营销调研理论知识的介绍；另一部分是营销调研理论知识在真实调研项目中的运用。其中，理论知识运用部分是编者对营销调研理论知识运用到真实调研项目的系统总结。

  本教材的特点表现在以下几个方面。一是理论与实践充分结合，将营销调研八大模块的核心理论知识和真实的 A 高校眼镜市场调研项目紧密结合，全面地展示营销调研理论知识应用到真实调研项目中的具体做法；二是引用大量典型操作案例，包括编者亲自督导的案例，不仅可以丰富教学内容，而且可以有效地提高学生对营销调研理论知识的认识和理解能力；三是为营销调研教师使用项目教学法提供了一个可以借鉴的模板，本教材对营销调研理论知识运用到真实调研项目涉及的问题和具体答案进行了全面、系统的展示，营销调研教师可以借鉴本教材中项目教学的做法，选择相关的真实调研项目，并组织学生一边学习营销调研理论知识，一边完成营销调研项目。

  本教材由湖州职业技术学院肖胜昔任主编，湖州职业技术学院庞德义任副主编。具体分工如下：肖胜昔负责编写项目二、项目三、项目四、项目五、项目六、项目七、项目八、项目九，庞德义负责编写项目一。全书由肖胜昔负责定稿。

  本教材内容取材于编者多年积累的营销调研项目化教学资料，同时，编者在编写过程中也参考了许多著作和网络资源。在此，对这些文献资料的原创者表示诚挚的感谢。由于编者编写水平有限，书中难免有错误和不妥之处，恳请各位专家和读者批评指正。

编 者

目　　录

项目一　营销调研概述......001
引导案例......002
任务一　营销调研的含义、作用及原则......003
任务二　营销调研的内容......008
任务三　营销调研的分类......010
任务四　营销调研的程序......013
课后思考练习题......015

项目二　确定营销调研主题和具体组成部分......017
引导案例......018
任务一　确定营销调研主题和具体调研目标的步骤......020
任务二　确定营销调研主题的系列案例分析......025
课后思考练习题......028
课外调研实战项目详解......028

项目三　制定营销调研计划书......031
引导案例......032
任务一　营销调研计划书的含义及作用......035
任务二　营销调研计划书的内容......036
任务三　制定和评价营销调研计划书......038
课后思考练习题......043
课外调研实战项目详解......043

项目四　选择调研方法......046
引导案例......047
任务一　文案调研法......048
任务二　访问调研法......051

任务三　观察法 055
　　任务四　实验调研法 060
　　任务五　焦点小组访谈法 063
　　课后思考练习题 066
　　课外调研实战项目详解 066

项目五　设计市场调查问卷 067

　　引导案例 068
　　任务一　调查问卷的种类和结构 069
　　任务二　调查问卷设计过程 072
　　课后思考练习题 082
　　课外调研实战项目详解 082

项目六　设计抽样方案 087

　　引导案例 088
　　任务一　抽样调查概述 089
　　任务二　抽样调查技术 095
　　任务三　抽样中的误差及应对 102
　　课后思考练习题 106
　　课外调研实战项目详解 106

项目七　实施调研和获取信息 110

　　引导案例 111
　　任务一　访问员的选择和培训 111
　　任务二　调研工作控制 117
　　课后思考练习题 118
　　课外调研实战项目详解 119

项目八　整理分析市场调查资料 121

　　引导案例 122
　　任务一　资料的整理 126
　　任务二　资料的初步分析——编制统计图表 130

任务三　集中趋势分析 136
　　任务四　对比分析 140
　　课后思考练习题 143
　　课外调研实战项目详解 144

项目九　撰写营销调研报告 157

　　引导案例 158
　　任务一　调研报告的格式和撰写要求 165
　　任务二　调研口头报告 170
　　课后思考练习题 171
　　课外调研实战项目详解 172

参考文献 196

项目一
营销调研概述

知识目标
1. 了解营销调研的含义和特点。
2. 了解营销调研的内容、原则和作用。
3. 理解并掌握营销调研的程序。
4. 理解各类营销调研的特点。

技能目标
1. 能够分析营销调研程序之间的内在逻辑关系。
2. 能理解各类营销调研之间的区别。

训练路径
1. 通过课堂提问、课外练习,初步理解相关概念和理论。
2. 通过案例分析,掌握相关概念和理论。

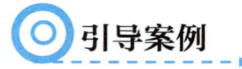 引导案例

海尔在美国成功的奥秘

1999年4月30日,在美国南卡罗来纳州中部的一个人口约为8000人的小镇坎姆登,由海尔投资3000万美元的生产中心举行了奠基仪式。一年多以后,第一台带有"美国制造"标签的海尔冰箱从生产线上制造出来了,自此,海尔开创了在美国制造冰箱的历史,成为中国第一家在美国制造和销售产品的公司。

在海尔原首席执行官张瑞敏眼中,海尔国际化就像下一盘棋一样,要提高棋艺,最好的办法就是找高手下棋,张瑞敏找的高手是欧洲和美国,并以日本的索尼为榜样。20世纪60年代,索尼在每一个新产品上市时,都首先投放到欧美市场,产生影响后再投放到日本和其他国家,索尼由此成为世界名牌。

美国家电市场名牌荟萃,几乎是所有世界名牌的竞技场,而且美国本土的家用电器产品也早已进入成熟期。通用(GE)、惠而浦(Whirlpool)和美泰克(Maytag),这三大美国电器生产商虎视眈眈,对新进入市场的竞争对手自然不会善罢甘休。那么,海尔靠什么来同这些知名企业叫板呢?

据统计,1998年、1999年中国冰箱对美国的出口额分别为4718万美元、6081万美元,其中,海尔冰箱分别占1700万美元、3100万美元。在美国建立一个冰箱生产厂的盈亏平衡点是28万台,而海尔的冰箱出口量已经远远超过这个数字。此外,在美国180L以下的小型冰箱市场中,海尔已占据超过30%的市场份额,甚至在2002年达到了50%,但海尔大型冰箱长期因远隔重洋而无法批量进军美国市场。海尔在美国建立生产中心后,其在美国的产品结构更加合理,进一步提高了市场占有率。

海尔经调查发现,美国200L以上的大型冰箱市场被通用、惠而浦等企业所垄断;160L以下的小型冰箱销量较少,通用公司认为这是一个需求量不大的市场,因此没有投入过多精力去开发。而美国家庭的人口规模正在变小,小型冰箱会越来越受欢迎,尤其深受独居者和留学生的喜爱。

根据以上调查分析,海尔决定开发从60L到160L的各类小型冰箱并投入美国市场,以此激发美国消费者的潜在需求。

美国营销专家菲利普·科特勒说:"海尔战略的另一部分是其定位的消费者群体为年轻人,这很正确。老一代人习惯使用通用这样的老品牌,而年轻人对家电还没有形成任何习惯性的购买行为,因为他们刚刚拥有自己的公寓或正在建立自己的第一个家,购买

属于自己的第一台冰箱。所以我认为定位消费者群体为年轻人是明智的决策。"

短短几年时间，海尔已成功在美国市场建立了自己的品牌。2003年，零售业巨人沃尔玛(Walmart)开始销售海尔的两种小型冰箱和小型冷柜，并同海尔签订了再购买100 000台冰箱的协议。海尔在美国最受欢迎的产品是学生宿舍、办公室使用的小型冰箱。而该类型冰箱的市场占有率为25%，在赢得新的连锁店客户之后有望增至40%。海尔在卧式冷柜方面也取得了成功。该产品在美国同类型产品中的市场占有率为1/3。海尔的窗式空调机也有广阔的市场前景，该产品在美国的市场占有率已达3%。

（资料来源：《市场调查与预测》 编者有改动）

▶ 案例启示

在上述案例中，海尔为了进一步发展而进军美国市场。在进军美国市场之前，海尔做了以下营销调研：(1)对美国的冰箱市场需求量进行了调研，得出了在美国建厂的可行性结论；(2)对冰箱消费者的需求结构进行了调研，发现大型冰箱市场被美国本土企业垄断，小型冰箱市场被美国本土企业认为是一个需求量不大的细分市场，而美国家庭的人口规模正在变小，海尔认为小型冰箱会越来越受欢迎；(3)对小型冰箱的目标消费群体进行了调研，海尔发现在美国老一代人习惯使用老品牌，而年轻人对家电还没有形成任何习惯性的购买行为，因此，海尔认为购买小型冰箱的主要顾客是年轻人。随后，海尔公司针对年轻人开发了小型冰箱产品，并取得了成功。

由此可见，营销调研可以发现新的市场机会和新的需求，帮助企业开发新的产品，从而在激烈的市场竞争中获得先发优势。当然，营销调研的作用不仅仅止于发现新的市场机会和新的需求，营销调研还可以通过搜集市场信息为企业经营管理决策的制定提供依据，使企业尽量避免决策失误。随着市场变化速度加快和竞争日趋激烈，营销调研显得越来越重要。

任务一　营销调研的含义、作用及原则

一、营销调研的含义

营销调研是针对企业特定的营销问题，运用科学的方法系统、客观地收集、整理、

分析和解释有关市场营销的信息，为营销管理者制定、评估和改进营销决策提供依据的调查研究活动。

我们应从以下几个方面理解营销调研。

首先，营销调研具有科学性。营销调研要采取科学的调研方法搜集信息，并运用科学的统计方法对信息进行分析，而不是随意收集、凭直觉得到调研资料。一项调查是否是真正的营销调研，主要看其调研方法是否科学。在实践中，有些管理者经常凭直觉进行决策，这种缺乏科学调研的决策，偶尔会成功，但从长期来看，缺乏科学调研将导致令人失望的后果。

其次，营销调研具有客观性。营销调研要求调研人员在调研工作中保持客观、中立的态度，不受个人或他人的影响。如果调研人员在调研过程中受到个人或他人的影响，那么调研资料的准确性将无法得到保证，调研结果的权威性也将受到严重削弱。

再次，营销调研是一个系统的过程。营销调研不是单一的资料记录、整理或分析活动，而是一个经过周密策划、精心组织、科学实施的，由一系列工作环节、步骤、活动和成果组成的过程。这一特征充分说明营销调研是一项比较复杂的工作，需要利用科学的理论和方法对其进行指导，同时需要进行科学的组织和管理。

最后，营销调研具有目的性。营销调研所获取的信息要为营销管理者制定、评估和改进营销决策提供依据，以减少决策的不确定因素，降低做出错误决策的风险。但是，营销调研本身不是目的，它服从于企业的市场营销活动，并且是企业市场营销活动不可或缺的一个组成部分。

二、营销调研的作用

（一）营销调研使企业发现更多的营销机会

通过营销调研，企业可以清楚地了解到哪些市场存在未满足的需求，哪些市场已经饱和，并从中寻找营销机会。

案例：通过营销调研发现鞋子的市场机会

一家鞋业企业的高级财务被派到非洲的一个国家去了解企业的鞋能否在那里找到销路。一个星期以后，这个高级财务打电话说："这里的人不穿鞋，因此，企业的鞋在这里没有市场。"

鞋业企业的总经理又派销售人员到这个国家去进行仔细调查。一个星期以后，销售人员打电话说："这里的人不穿鞋，具有巨大的市场空间。"

鞋业企业的总经理为弄清楚情况，又派市场营销部门的副总经理去了解情况。两个星期以后，市场营销部门的副总经理反馈说："这里的人不穿鞋，然而他们有脚疾，穿鞋对他们的脚会有好处，我估计鞋的潜在销量很大。因为他们的脚比较小，所以我们必须重新设计我们的鞋子；在教育他们懂得穿鞋有益方面需要花费一笔钱；在销售之前必须与部落首领合作。此外，这里的人没有钱，但是他们生产着我们从未尝过的最甜的菠萝。所以，我们的一切费用，包括帮助他们推销菠萝给一家欧洲超级市场的费用，都将得到补偿。总的算下来，我们还可以赚得20%垫付款的利润。我认为我们应该毫不犹豫地去做。"

（资料来源：《营销调研策划》 编者有改动）

（二）营销调研是企业制定营销决策的依据

首先，通过营销调研可以具体了解顾客对产品品种、型号、规格、功能，以及售后服务等的要求，使企业的产品更具有针对性；其次，通过营销调研可以了解目标市场存在哪些销售渠道，以及客户对哪种销售渠道感兴趣，从而有利于企业做出渠道选择；最后，通过营销调研了解目标顾客对产品价格的接受程度，以及竞争对手的价格策略，可以便于企业做出科学的定价决策。

✱ 案例：通过顾客需求调研促进房地产企业做出正确决策

广州光大花园是一个占地约为30公顷、总建筑面积约为35万平方米的大型楼盘。在策划楼盘之初，项目小组从两方面进行分析：一是问卷调查，内容是市民在目前的生活环境下最重视的是什么，得到的反馈是"身体健康"；二是对项目进行分析，找出项目最有价值的方面，经过深入了解，项目地块最有价值，且可以大做文章的是几十棵树龄50多年的大榕树。项目小组认为，"身体健康"与"生态环境"有关，而项目中关于"生态环境"最有特点的就是这些大榕树。大榕树除了具有一般草皮植被所具有的观赏价值、养眼功效，还具有另外几大特殊功效。一是榕树的果实诱鸟，社区内可常年鸟语花香；二是榕树较其他树种更能净化空气，释放氧气，增加空气中的负离子，吸收氮氧化物、二氧化碳等有害气体；三是榕树的吸尘能力比地表绿化强数十倍；四是浓密的行道树还可以降低交通噪声3~5dB，并能有效缓解城市热岛效应。于是，广州光大花园项目被定位为生态、健康住宅，并在施工、宣传上紧紧围绕这个定位做文章，楼盘开盘后销售火爆。

（三）通过营销调研促使企业了解市场发展趋势和供需状况

通过营销调研，企业可以了解市场供需、消费者需求、竞争对手策略及营销环境的变化，并根据这些变化制订相应的生产计划，生产适销对路的产品，促进产品销售，提高经济效益。

案例：李维服装公司的精准市场调查

以生产牛仔裤而闻名的李维服装公司（简称"李维公司"）设有专门负责市场调查的机构。该机构在调查时应用心理学、统计学等知识和手段，按不同国别分析消费者的心理和经济情况的变化、环境的影响、市场竞争条件、时尚趋势等，并据此制订出生产、销售计划。1974年，该机构对原联邦德国市场的调查表明，多数顾客在挑选裤子时会首先要求合身，李维公司随即派人在该国各学校和工厂进行合身测验，一种颜色的牛仔裤就定出了45种尺寸，因而扩大了销路。李维公司通过市场调查了解到美国青年喜欢合身、耐穿、价廉、时髦的服装，便把合身、耐穿、价廉、时髦作为产品的主要目标。近年来，李维公司在市场调查中了解到许多美国女青年喜欢穿男裤，于是，李维公司经过精心设计，推出了满足女青年需要的牛仔裤，使女青年服装的销售额不断上升。虽然美国及国际服装市场业竞争相当激烈，但李维公司凭借分类市场调查而制订的生产与销售计划同市场上的实际销量只差1%～3%。

（资料来源：豆丁网 编者有改动）

三、营销调研的原则

（一）客观性原则

客观性原则是营销调研最重要的原则。这一原则要求调研人员对客观事实采取实事求是的态度，不能带有成见，更不能随意歪曲或虚构事实。

案例：以偏概全的偶遇调查

我们经常在电视上看到记者在旅游景点等公共场所拦住过往行人进行访问、调查，了解公众对某种事物的看法，并据此得出结论：广大群众一致认为某种事物是××性质的事物，具有××特点。其实，这种"街头拦人"的调查属于偶遇调查，而偶遇调查的样本代表性差，是不能从样本的意见推导出总体意见的，调研机构若以这种方式收集市场资料往往会得出错误的结论。统计学表明，只有采取随机抽样调查才能从样本值推导出总体值。

（二）科学性原则

科学性原则是指营销调研要采取科学的方法去界定调研内容，设计抽样方案，采集、处理和分析数据，这样得出的结论才具有实证性和逻辑性，而不应当是个别的或偶然的。

✿ 案例：不科学的电梯调查

某个电梯协会的用户委员会于2020年举办了一个连续跟踪调查百家企业电梯产品合格率的活动，并根据调查结果发布了一个电梯产品合格率排行榜，排名第一的企业如获至宝，立刻大登广告宣传"××电梯2020年产品合格率第一"。先不说该活动的组织者有没有权威、有没有资格去调查电梯产品合格率，仅从调查手段、电梯合格标准上就让人觉得不专业。这种不科学的市场调查只能误导企业和消费者。

（三）系统性原则

系统性原则是指营销调研要全面、系统地调研分析事物的各个部分、各个要素，从总体上把握事物的结构、功能、运行机制、发展规律等，防止营销调研中的片面性、主观随意性。

✿ 案例：不系统的宠物食品调查

一家专门生产宠物食品的企业决定推出新产品来提高竞争力。为了能够了解更多的消费信息，该企业调研人员设计了精细的问卷，在当地选择了1000个样本，并且保证所有的抽样都在超市的宠物食品购买人群中产生，问卷内容涉及价格、包装、食量、口味、配料等方面，涵盖了所能想到的全部因素。调查显示，公司的新产品具有良好的市场前景。

于是，公司的新配方、新包装宠物食品上市了，可销售仅持续了一个星期就滞销了，甚至在一些渠道上遭到了抵制。最终，新产品被迫从终端撤回。该企业邀请了10多位新产品的购买者座谈，了解到他们拒绝再次购买的原因是宠物不喜欢吃。该企业新产品上市失败的原因是市场调查不系统。如果该企业在调查宠物食品的购买者之后，再进一步调查宠物自身对食品的偏好，就不会产生这样的决策失误。

任务二　营销调研的内容

营销调研所涉及的内容很广泛，调研人员出于不同的调研目的和要求，其营销调研的内容各有侧重。比如，从了解市场现状的需要来看，营销调研的内容有营销宏观环境调研、营销微观环境调研、市场需求调研；从营销管理决策的需要来看，营销调研的内容有消费者行为调研、营销组合调研、顾客满意度调研等。通过各种内容的营销调研，调研人员可以综合了解、分析和研究市场。

（一）市场需求调研

市场需求调研包括市场需求规模调研、市场需求结构调研、市场需求时间调研。市场需求规模调研不仅要调研现有市场需求量、市场潜在需求量，还要调研本企业的市场占有率；市场需求结构调研不仅要调研产品的品种、花色、规格、质量、价格等结构，还要调研各细分市场的需求结构；市场需求时间调研主要调研消费者需求的季节、月份，以及具体购买时间等。

（二）消费者行为调研

消费者行为调研是指了解消费者7个方面的信息，即6W1H：购买者（Who）、购买什么（What）、为什么购买（Why）、给谁使用（For Whom）、何时购买（When）、何地购买（Where）、如何购买（How）。

（三）产品调研

产品调研不仅要调研市场上产品的品种、数量、质量、包装、生产周期等，还要调研消费者对产品的性能、设计、质量、外观、包装、价格、实用性和安全性等的评价，以及本产品与主要竞争对手的知名度、美誉度和忠诚度。

（四）价格调研

价格调研包括相关产品的比价调研、差价调研和价格弹性调研等。比价调研包括调研原材料和半成品的比价、制成品与零配件的比价、进口产品与国产产品的比价等；差价调研包括调研产品之间的质量差价、地区差价、季节差价、购销差价、批零差价等；

价格弹性调研指调研产品的需求价格弹性系数。

（五）广告调研

广告调研包括广告主题调研、广告媒体调研、广告效果调研及消费者媒体习惯调研。其中，广告效果调研主要从广告的经济效果、社会效果和心理效果 3 个方面进行调研。广告的经济效果是指广告活动促进产品销售的程度；广告的社会效果是指广告的社会教育作用；广告的心理效果是指广告的接触率、消费者对广告的记忆程度和理解程度、消费者对广告的信任程度、广告对消费者购买行为的影响程度。

（六）营销宏观环境调研

营销宏观环境调研包括对人口、经济、政治法律、自然、技术、社会文化等环境的调研。人口环境调研包括调研人口数量、人口结构、人口的地理分布及区间流动；经济环境调研包括调研经济发展水平、消费者收入水平、消费结构；政治法律环境调研包括调研国家政治形势、国家政策方针、国家颁布的法律法规；自然环境调研包括调研气候、自然资源及地理位置等；技术环境调研主要指调研技术应用对企业产生的影响；社会文化环境调研包括调研人们的价值观、信仰、生活习惯、文化传统和社会习俗等。

（七）营销微观环境调研

营销微观环境调研包括对企业内部、供应商、营销中介、顾客、竞争对手和社会公众等的调研。企业内部调研包括对企业物质基础、组织结构及企业文化的调研；供应商调研不仅包括对供应商的资金实力、生产能力、技术水平的调研，还包括对供应商提供产品的数量、质量、价格、服务水平及信誉的调研；营销中介调研包括对中间商、物流企业、营销服务机构和财务中间机构的调研；顾客调研包括对顾客的人口数量、人口结构、用户类型、购买力水平、购买行为等的调研；竞争对手调研不仅包括对竞争对手的数量、经营规模、技术和管理水平、竞争策略的调研，还包括对竞争对手产品的品质、数量、价格、成本、盈利水平、市场占有率等的调研；社会公众调研包括调研全体社会成员对企业的态度、评价及要求等。

（八）顾客满意度调研

顾客满意度调研是调研顾客对企业产品满足其需求的程度。顾客满意度是顾客通过将一个产品的可感知的效果与他的期望值相比后，所形成的愉悦或失望的感觉。如果顾客可感知的效果大于他的期望值，他就倾向于满意；反之，他就倾向于不满意。企业通过顾客满意度调研了解顾客满意度的决定性因素，测量各因素的满意度水平，找出让顾客不满意的原因并采取纠正措施，从而使企业改进各方面工作，更好地满足顾客需要。

任务三　营销调研的分类

一、按调研性质分类

营销调研按调研性质分为探索性调研、描述性调研、因果性调研和预测性调研 4 种类型。

（一）探索性调研

探索性调研是指对一个问题或一种状况进行探测和研究，以便更确切地定义一个营销问题，确定相关的行动方案或获取更多的相关信息。例如，某商场近一个月客流量连续下滑，其原因是顾客收入下降？还是顾客被竞争对手吸引？抑或是顾客的消费偏好发生改变？商场要弄清楚原因就可以采用探索性调研。探索性调研一般用于大规模的正式调查之前，调研过程具有灵活性的特点，调研重点有可能经常变换，一般采取专家咨询、小规模试点调查、焦点小组座谈、二手资料分析等方式。

（二）描述性调研

描述性调研是指对某一市场总体的基本状况、特征、市场总体中各种变量及相互关系进行描述。它主要解决"是什么""何时""如何"等问题，并不涉及事物的本质及影响事物发展变化的内在原因。比如，在销售研究中，收集不同时期的销量、广告支出等资料，经统计、分析后可说明广告支出对销量的影响。常见的描述性调研有市场需求调研、销售渠道调研、产品价格调研、广告调研等。

（三）因果性调研

因果性调研是为了确定有关事物因果联系而进行的一种调研。因果性调研首先要确定自变量和因变量，然后确定自变量和因变量之间关系的特征。它主要解决"为什么"的问题。例如，餐饮店销售额受地点、价格、菜品质量等因素的影响，故餐饮店销售额是因变量，而地点、价格、菜品质量是自变量。为了调研菜品质量与餐饮店销售额之间的关系，可以在地点、价格不变的情况下，只改变菜品质量，并观察餐饮店销售额受到的影响，即可得出菜品质量与餐饮店销售额之间的关系。

（四）预测性调研

预测性调研是指运用一定的方法预估未来市场的潜力和变化趋势。它主要解决将来"怎么样"的问题，如根据2015—2022年的销售资料找出变化规律，预测2023年的销量。

二、按调研范围分类

营销调研按调研范围分为全面调研和非全面调研。

（一）全面调研

全面调研又叫"普查"，是调研人员为了收集一定时空范围内调研对象的较为全面、准确、系统的调查资料，对调研对象的全部个体单位进行逐一、无遗漏的调研，如人口普查、工业普查、农业普查。

（二）非全面调研

非全面调研是指仅对调研对象总体中的一部分个体进行调研，包括重点调研、典型调研和抽样调研。重点调研是从市场调研对象总体中选择少数重点单位进行调研，并用对少数重点单位的调研结果反映市场总体的基本情况，如通过对山东、江苏、湖北、河南、河北五省重点产棉区棉花产量进行调研，就能掌握全国棉花生产的基本情况；典型调研是从市场调研对象中选择具有代表性的部分单位作为典型进行调研，并用对典型单位的调研结果来认识同类市场现象的本质，如某市准备开展农民工居住状况调查，经过分析发现，该市农民工集中在7个市属镇，最后选择其中一个镇进行典型调研；抽样调研是从总体中按照随机原则抽取一部分单位作为样本进行调研，并用对样本调研的结果来推断总体（抽样调查作为抽样调研的一种，后面单独设一章加以介绍）。

三、按调研资料来源分类

营销调研按调研资料来源分为文案调研和实地调研。

（一）文案调研

文案调研是指通过收集各种历史和现实的统计资料，从中摘取与市场调研课题有关的信息进行分析的调研方法。文案调研具有简单、快速、成本低的特点。它既可作为一种独立方法使用，也可作为实地调研的补充。

（二）实地调研

实地调研是指调研人员直接向被访者收集一手市场资料的调研方法。它包括观察法、实验调研法、访问调研法及焦点小组访谈法。实地调研在借助科学方法的基础上，能够得到较为真实的统计资料，因而更为常用。在调研实践中，一般原则是先文案调研后实地调研。

四、按调研对象分类

营销调研按调研对象分为消费者市场调研和产业市场调研。

（一）消费者市场调研

消费者市场调研是对消费者的需求数量、需求结构及其影响因素进行调研。消费者需求数量和需求结构的变化受到多方面因素的影响，如人口、经济、社会文化、购买行为等。因此，对消费者市场进行调研，除直接调研消费者的需求数量及需求结构外，还必须对诸多影响因素进行调研。

（二）产业市场调研

产业市场又称生产者市场，是指由购买货物和劳务以生产新的产品或进行商品转卖构成的市场。产业市场调研是对市场商品供应量、产品的生命周期、商品流通渠道等方面进行调研。

任务四　营销调研的程序

营销调研是一项复杂的科研活动，也是一个严谨的工作过程，需要调研人员严格遵循科学的程序进行调研活动，以保证调研过程的高效和调研结果的准确、可靠。营销调研的程序如图1-1所示。

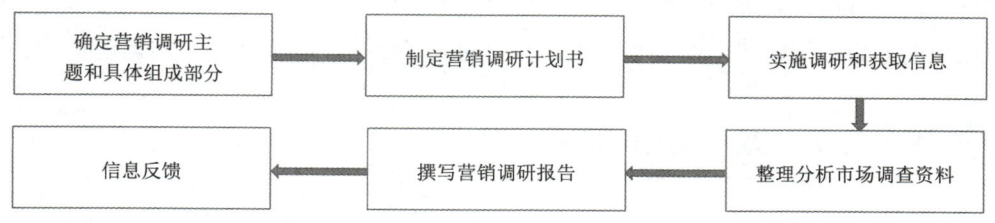

图1-1　营销调研的程序

一、确定营销调研主题和具体组成部分

营销调研往往与企业的管理决策相联系。当企业管理者在经营管理中面临问题或机会时，就需要通过营销调研来获取决策信息。调研人员要与企业管理者商定需要什么样的信息，以及如何有效地获得这些信息。调研人员对企业的管理决策问题了解得越准确，确定的营销调研主题和具体组成部分则越符合企业管理者对信息的需要。

二、制定营销调研计划书

调研人员在确定了营销调研主题和具体组成部分后，就要制定详细的营销调研计划书，因为营销调研计划书是整个营销调研的依据，是整个营销调研的框架结构。营销调研计划书的内容一般包括以下几点。

（1）确定资料来源；

（2）选择调研方法；

（3）设计调研工具；

（4）设计抽样方案；

（5）制订调研实施的具体计划和质量控制办法；

（6）制定数据分析方案；

（7）安排调研进度；

（8）确定调研人员和费用。

三、实施调研和获取信息

制定好的营销调研计划书经过测试修改后就进入第三个阶段，即实施调研和获取信息阶段。实施调研和获取信息的步骤如下：调研人员的招聘及培训、调研人员进行访问、调研队伍的监管、调研工作的复查验收。专业的调研公司一般都有详细的调研实施手册。

四、整理分析市场调查资料

通过市场调查获取的资料，难免存在虚假、差错、冗余等现象，因此调研人员必须先对收集得来的资料进行分析处理，使之真实、准确、完整，然后对资料进行统计分析和解释。这一阶段的工作主要包括以下几点。

（1）接收和清点资料；

（2）编辑和校对资料；

（3）对资料进行整理和编码；

（4）录入资料；

（5）制表、作图和统计分析。

五、撰写营销调研报告

营销调研报告是整个调研工作的最终产品，是研究人员辛勤劳动的结晶。调研人员撰写营销调研报告时不仅要用大量的统计数据对市场现象进行描述，应用统计模型对市场现象的规律进行分析，还要做出判断性结论，提出建设性意见。营销调研报告一般包括以下几个部分。

（1）报告的摘要，包括主要发现和主要结论；

（2）报告的目录；

（3）报告的正文，包括调研的基本情况、主要结论和建议；

（4）报告的附录，包括问卷、数据、图表等。

六、信息反馈

调研人员把营销调研报告提交给使用方后,还要注意收集反馈信息,以了解报告使用者在应用报告过程中遇到的问题,并及时做出解答。至此,一项完整的营销调研工作才算结束。

课后思考练习题

美国航空公司关于在飞机上向乘客提供电话服务的营销调研活动

美国的航空客运业一直存在着激烈的竞争,美国航空公司虽然是全美最大的航空公司之一,但是必须为获取优势而不断地提供服务新招,来满足航空旅客的需要。为此,市场营销部经理建议在离地面 30 000 英尺(1 英尺=0.3048 米)高度的飞机上向乘客提供电话服务。

针对这一建议,公司开展了营销调研工作。提出此建议的市场营销部经理先进行了一些初步的研究,并从一家大型电信公司那里获悉此项装置在每次航程中的成本约为 1000 美元。如果每次通话收费 25 美元,则每次航程至少要有 40 名乘客使用机上电话,航空公司才能达到盈亏平衡点。接下来,营销调研部门的任务就是调查乘客对这项新服务的反应。

首先,根据研究目的提出问题与假设。提出的问题既不能太宽泛,也不能太狭隘。营销调研人员针对研究目的确定了以下问题。

(1)乘客在飞机上使用电话的原因是什么?
(2)哪类乘客最有可能在飞机飞行中打电话?
(3)波音 747 的一次飞行中有多少名乘客可能打电话?受价格的影响程度如何?
(4)此项新服务会吸引多少名额外的乘客?
(5)这项新服务对公司的长期信誉和形象有多大帮助?
(6)与其他服务项目相比,机上电话服务的重要性如何?

根据这些问题,营销调研人员已大致知道需要哪些信息,并据此确定资料来源,即营销调研人员要收集大量有关航空客运市场的二手资料,这些资料来自民航局的出版物、美国空运协会的图书馆、旅行社等。营销调研部门又开展了一手资料的收集工作,接下来要做的就是确定资料收集方法。观察法:可以派专业人员在机场、航空公司办公室、旅行社等处来回走动,听取乘客的意见,或者搭乘竞争对手的班机,观察其机上服务及乘客意见；焦点小组访谈法：选取6~10人组成焦点小组，在有经验的访谈主持者的引导下讨论有关问题；问卷调查法：向居民发放问卷，问及有关问题；实验调研法：选取实验组和对照组进行实验，在其他变量保持不变的情况下研究某一变量对结果的影响，例如，选取两组航班，保证每组乘客人数相同，只改变电话收费价格，可以假定打电话人数的变化是与收费相关的。各种方法的成本不同，对总体的代表性也不相同，一般需要综合运用多种方法，才能取得较好效果。

如果采取问卷调查，则必须进行抽样设计，即确定抽样单位、样本大小和抽样方法。营销调研人员可以在专业调查人员的协助下完成抽样设计。接着正式展开资料收集工作，营销调研人员对资料进行分析研究，利用先进的统计技术和决策模型，得到有价值的研究结果。最后，营销调研人员要做的不是将一大堆数字罗列给管理当局，而是需要撰写营销调研报告，将这些数字转化成定性的、描述性的信息，这对决策者最有价值。下面是美国航空公司经过分析后获得的主要结果。

（1）极少有乘客会在飞机上打电话，乘客在飞机上使用电话的主要原因是紧急情况、紧急商业买卖、飞行时差的混乱等。使用电话的大部分乘客是用报销单的商人。

（2）大约每200名乘客中有5名愿意支付25美元的电话费，有12名愿意支付15美元的电话费，但电话收益（25美元以下，25×5=125美元；15美元以下，15×12=180美元）都大大低于1000美元的盈亏平衡点。

（3）在飞机上提供电话服务会为每次航班多吸引两名乘客，带来650元纯收入，但仍无法达到损益平衡。

（4）当公司为此航程约支付200美元（1000-(650+15×12)=170美元）时，此项新服务会展现革新性、创造性的美国航空公司形象。

由此看来，在飞机上提供电话服务似乎只增加了成本，而不太会增加长期收入，故在现阶段建议暂不实施机上电话服务项目。

（资料来源：《市场营销调研》 编者有改动）

讨论题

（1）在本营销调研活动中，确定的调研目标合适吗？

（2）营销调研活动中采取的多种调研方法是否能获得所需的信息？

（3）营销调研活动中对信息的分析是否有助于得出结论？

（4）你同意营销调研中提出的建议吗？你作为航空公司的经理该如何决策？

项目二 确定营销调研主题和具体组成部分

知识目标
1. 了解营销调研主题确定的步骤。
2. 了解管理决策问题与营销调研主题之间的逻辑关系。

技能目标
能够根据企业面临的管理决策问题,确定营销调研主题。

训练路径
通过系列案例分析,掌握确定营销调研主题的技能。

 引导案例

可口可乐百年来最大的营销调研失误

20世纪80年代,美国可口可乐公司(简称"可口可乐")耗资约500万美元,进行了一次历时2年、遍及近20万名消费者的市场调查。然而,这是可口可乐百年历史上一次近乎灾难性的市场调查。

事情的起因来自竞争对手百事可乐。1975年,百事可乐在达拉斯发起"口味挑战",在电视广告上直接挑战可口可乐。他们请可口可乐的忠实支持者品尝两杯可乐,一杯叫"Q"品牌,另一杯叫"M"品牌。结果,他们全都喜欢"M"品牌,而"M"品牌是百事可乐。可口可乐驳斥百事可乐的挑战,但这个结果在可口可乐高层产生了不小的震动,内部辩论磋商后,认为产生这样的结果可能是因为消费者的口味变了。于是,时任可口可乐首席执行官的罗伯特·郭思达在1981年上任伊始便宣称:"可口可乐已没有任何值得沾沾自喜的东西了,公司必须全面进入变革时代,其突破口便是数十年来神圣不可侵犯的饮料配方。"

为此,可口可乐于1982年开展了著名的"堪萨斯计划"营销调研活动。可口可乐出动了2000名调查员,在美国10个主要城市调查顾客是否愿意接受一种全新的可口可乐,并向顾客出示包含一系列问题的调查问卷,请顾客当场作答。比如,可口可乐配方将添加一种新成分,使它喝起来更柔和,你愿意吗?又如,可口可乐与百事可乐口味相仿,你会感到不安吗?你想试一试新饮料吗?

调研结果显示,只有10%~12%的顾客对新口味的可口可乐表示不安,而且其中一半的人认为以后会适应新口味的可口可乐,这表明顾客们愿意尝试新口味的可口可乐。于是,可口可乐的技术部门在1984年开发出了全新口感的样品。这种"新可乐"比"老可乐"口味更甜、气泡更少,口感柔和且略带胶黏感。在接下来的口味测试中,品尝者对"新可乐"的满意度超过了百事可乐,调查员认为"新可乐"至少可以将市场占有率提升一个百分点,这意味着可口可乐将增加2亿美元的销售额。

为了确保万无一失,可口可乐又耗资400万美元进行了一次由13个城市的19.1万名消费者参加的口味测试,这些消费者以年轻人为主,在众多标明品牌的饮料中,品尝者仍对"新可乐"青睐有加,55%的品尝者认为"新可乐"的口味胜过"老可乐",而且在这次测试中"新可乐"又一次击败了百事可乐。

这令可口可乐的管理层兴奋无比。1985年4月23日，董事长在新闻发布会上宣布："为了适应消费者对甜味更加偏好的变化，可口可乐决定放弃其长达99年秘而不宣的'7X'配方，推出'新可乐'。"可口可乐向美国所有新闻媒体发出了邀请，共有700余位媒体记者出席了新闻发布会。消息闪电般传遍美国。24小时内，81%的美国人都知道了可口可乐改变配方的消息，这个公众比例比1969年7月阿波罗登月时的24小时内公众获悉比例还要高。据说更有70%以上的美国人在"新可乐"面世的几天内品尝了它，这超过任何一种新产品面世时的尝试群体比例。

但接下来的事情对可口可乐几乎是灾难性的。在"新可乐"上市4小时内，可口可乐接到了650个抗议电话。一个月之内，可口可乐接到的批评电话多达5000个，而且更有雪片般飞来的抗议信件。为此，可口可乐不得不开辟83条热线，雇用了更多的公关人员来处理这些抱怨与批评。有的顾客称"老可乐"是美国的象征、是美国人的老朋友，如今却突然被抛弃了。还有的顾客威胁说将改喝茶水，永远不再买可口可乐的产品。在西雅图，一群忠诚于"老可乐"的人组成了"美国老可乐饮者"组织，准备在全国范围发起抵制"新可乐"的运动。许多人甚至开始寻找已停产的"老可乐"，使这些"老可乐"的价格一涨再涨。到1985年6月中旬，"新可乐"的销量远低于预期，不少瓶装商强烈要求改回销售"老可乐"。

可口可乐的市场调查部门再次对市场进行了紧急调查，结果发现，在5月30日还有53%的顾客声称喜欢"新可乐"，可到了6月，一半以上的人说不喜欢"新可乐"。到了7月，只剩下30%的人说"新可乐"的好话了。愤怒的情绪继续在美国蔓延，媒体还在不停地煽风点火，对有着99年历史的传统配方的热爱被媒体形容成爱国的象征。面对如此大的公众压力和经济压力，可口可乐屈服了。1985年7月，可口可乐决定恢复"老可乐"的生产，并更名为"经典可乐"，进一步强化其传统情结。消息传来，美国上下一片沸腾，所有媒体都以头条新闻报道了"老可乐"归来的喜讯。"老可乐"的归来使可口可乐的股价攀升到了12年（1973—1985年）以来的最高点。

（资料来源：《营销调研》 编者有改动）

案例启示

可口可乐在"新可乐"上市之前，耗费了巨大的人力、物力和财力，开展了规模空前的代号为"堪萨斯计划"的划时代营销调研活动。其调研结果既合理又有利，可口可乐管理层做出的决策看起来也是合情合理的，但"新可乐"上市的结局为什么会与调研结果截然相反呢？在仔细分析可口可乐调研活动的每个步骤、环节后，我们发现可口可乐在问卷设计、口味测试、调研对象选择等方面存在重大失误，使得调研结果不能真实反映市场需求，从而导致可口可乐更换新配方后陷入灾难性境地。

首先，可口可乐决定上市"新可乐"，当然应该在消费者中进行口味测试。虽然这种"新可乐"在同"老可乐"、百事可乐的对比中皆取得胜利，但可口可乐的市场调查部门进行调查问卷和品尝测试时，没有告知被调查者如果"新可乐"上市，则"老可乐"将停产。而被调查者都以为"新可乐"是对现有"老可乐"的补充，而不是对"老可乐"的替代。

其次，调查问卷中的所有问题都是关于产品口感的，而忽略了不该忽略的品牌情感。一个拥有99年历史且广为传播的产品已经不再是一种简单的商品了，它应该形成了某种文化，成了某种象征。这种文化内涵和象征价值是深藏在消费者内心的，只有在调查问卷中设计"如果'老可乐'停产，您会选择'新可乐'吗"等类似问题，才能调查出"老可乐"在消费者内心深处的情感价值和影响力，而调查问卷没有类似这样的问题。

最后，在进行口味测试时，他们选择的测试者多是年轻人。一方面，年轻人比中老年人更喜爱甜口味，他们当然大部分投"新可乐"的票；另一方面，从20世纪80年代中期开始，美国社会逐渐老龄化，喜爱"老可乐"的中老年消费者群体在不断扩大。这些中老年消费者并不认可口味更甜的"新可乐"，而这些中老年消费者在被调查的样本中占比很低，因而调研结果并不能准确地反映他们对"新可乐"的态度。

由此可见，在进行营销调研活动中，要根据企业面临的管理决策问题将营销调研的主题确定清楚，否则就会导致调研结果的不正确和决策的严重失误。因此，正确地确定营销调研主题至关重要。那么，我们应该怎样确定营销调研主题呢？

任务一　确定营销调研主题和具体调研目标的步骤

在营销调研实践中，确定营销调研主题一般采用的步骤如下：了解调研需求，分析环境因素，开展相关工作，明确营销调研主题和具体调研目标。

一、了解调研需求

由于内、外部环境的变化，企业会面临各种营销问题和营销机会，企业管理者必须找出营销问题产生的原因及解决方案，或者判断营销机会的价值及营销机会的可利用性，以便做出营销管理决策。因此，调研人员了解企业的调研需求是确定营销调研主题的第一步，更是整个营销调研工作的第一步。实践中，调研人员可从多方面了解决策者的调研需求，如决策者遇到了什么问题或什么机会？决策者有什么疑问和困惑？希望通过营销调研解决什么问题？调研人员只有弄清楚企业的调研需求，才能提炼出企业面临的管理决策问题，进而有针对性地确定营销调研主题。

二、分析环境因素

通过分析企业的环境因素，一方面可以了解企业面临的各种问题和机会的来龙去脉，另一方面也为后续调研工作中的问卷设计、统计分析等提供很好的基础和指引。分析环境因素包括分析宏观环境、分析微观环境和分析企业的背景因素。分析宏观环境是对企业影响较大的人口、经济、技术、政治法律、社会文化等因素进行分析；分析微观环境是对消费者、市场需求、产品、价格、分销渠道和促销等因素进行分析；分析企业的背景因素是对企业面临的制约因素、决策者的目标、企业和所属行业的历史资料及发展趋势等进行分析。分析环境因素不宜面面俱到，应根据具体问题各有侧重。例如，针对"某企业正在丢失市场份额，没有达到预测指标水平，企业该怎么办？"这个问题，调研人员在排除了人口、经济、技术、政治法律、社会文化等宏观环境因素对企业的影响后，应重点分析该企业和所属行业的发展历史，并对其发展趋势进行预测。

三、开展相关工作

（一）与决策者交流

决策者是企业全面情况的掌握者，调研人员必须与决策者交流，了解决策者面临的管理决策问题的实质，决策者希望从调研中获得怎样的信息等。在营销调研实践中，调研人员与决策者交流的主要议题可以分为如下几个方面。

（1）开展调研的原因；

（2）决策者需要什么样的信息以供决策参考；

（3）有了信息后，决策者会采取什么行动；

（4）决策者对调研工作的相关要求。

通过与决策者交流以上议题，调研人员可以深刻理解企业面临的管理决策问题，与决策者要在调研获得什么信息上达成共识，有助于增进相互了解，建立信任和沟通渠道，为调研工作的展开奠定基础。

（二）与有关专家交流

与一些熟悉营销调研的专家交流，有助于调研人员对营销调研主题的认识和理解。营销调研专家对确定营销调研主题有较深的研究，调研人员与他们交流，可以听取他们对营销调研主题有利的意见和建议，有助于更准确地确定营销调研主题。当然，为了提高交流效果，调研人员应采取个人访问的方法，将要讨论的问题提前罗列，并在轻松、灵活的氛围下与有关专家沟通。此外，调研人员与有关专家交流可采用文字形式，如请专家对设计方案的草稿进行评议，也可采用电话交流，还可采用网上沟通。

（三）进行二手资料的分析

二手资料是指已有的资料和数据。分析二手资料对于确定营销调研主题是非常必要的。通过分析二手资料，调研人员可以便捷、经济地了解营销调研背景知识，从更广泛的角度理解企业的管理决策问题，从而更好地确定营销调研主题。

二手资料的来源包括企业、政府、调研机构、互联网等。调研人员应充分利用二手资料的信息价值，在二手资料的信息价值没有被充分利用之前，不要急于为解决某个具体营销调研问题而去亲自收集一手资料。

（四）开展必要的定性调研

当通过决策者、有关专家和二手资料等获得的信息仍不足以确定营销调研主题时，那就有必要开展定性调研。定性调研属于探索性调研，常用的调研方法有小组座谈法、深度访谈法、实验调研法等。探索性调研属于小样本的一手资料调研，它往往能提供决策者、有关专家和二手资料不能提供的有价值信息。调研人员如果将定性调研与决策者交流、专家沟通、二手资料分析相结合，有助于更充分地了解管理决策问题的背景内容，为确定营销调研主题奠定基础。

案例：调研发现真正的营销问题

某验钞机制造商属于行业领导者，其市场份额相当于排在第二、第三的两家竞争公司的总和。这三家公司的产品都是由独立分销商销售的。最近，该公司的市场份额一直在下降，公司怀疑是广告代理商的宣传不到位造成的，为此，公司聘请市场调研机构对终端用户进行调研。市场调研机构通过小范围的典型调查后发现，广告代理商在提高公司知名度和美誉度上做得十分出色，因此，市场份额下降与广告代理商没有关系。市场调研机构又对分销商进行调查，发现该公司的分销商与其竞争公司相比要差很多。排在第二的竞争公司强调销售竞赛，排在第三的竞争公司特别擅长培训销售人员。当购买者向分销商询问产品时，销售人员的推销比广告宣传更重要。至此，真正的营销问题才被市场调研机构识别出来。

上述案例中，市场调研机构在向验钞机制造商了解情况时，该公司界定的营销问题是广告代理商宣传不到位导致其市场份额不断下降。随后，调研人员进行了探索性调研，识别出真正的营销问题是验钞机制造商的分销商不给力，导致其市场份额不断下降。

四、明确营销调研主题和具体调研目标

（一）明确营销调研主题

明确营销调研主题包括明确营销管理决策问题和明确营销调研内容，这两个内容虽不相同但联系密切。调研人员应根据企业面临的营销问题和营销机会确定企业的管理决策问题。因为只有确定了营销管理决策问题，调研人员才能有效地确定调研哪些信息，才能解决管理者所面临的管理决策问题。营销管理决策问题以行动为导向，回答决策者可能采取什么行动，是决策者面对的问题，如是否加大广告宣传、怎样提高产品销量等。营销调研内容则以信息为导向，解决营销管理决策问题需要什么信息，是调研人员面对的问题，如广告对提高品牌知名度的作用、提高销量的促销工具有哪些等。

准确地确定营销调研主题是营销调研的起点，也是最重要的一个环节。如果营销调研主题弄错了，营销调研的方向就错了，调研收集的信息就不符合要求，决策者就难以做出决策，甚至会造成严重的决策失误。为了准确地确定营销调研主题，调研人员要先寻找营销管理决策问题背后的原因，如某企业近年来产品销量大幅度下降，确定的营销调研主题则可能是"发现引起企业产品销量大幅度下降的原因"。调研人员通过研究后得知销量大幅度下降是由于竞争对手的产品大幅度降价，在这种情况下，营销调研主题就不是寻找原因，而是寻找应对竞争对手的产品大幅度降价的对策。此外，调研人员还要兼顾决策者的目标和期望，使营销调研主题既不要太宽泛，也不要太窄，而要符合企业的实际，以解决企业营销管理决策问题为原则。

在具体地由营销管理决策问题向营销调研主题转化时，首先，调研人员要与决策者沟通，由决策者描述他的问题和所需要的信息；其次，调研人员要根据沟通内容总结出如下清单。

（1）行动。决策者在调研基础上会采取什么行动，这将决定营销调研主题的宽窄。

（2）原因。找出决策者采取行动的原因有助于更深刻地理解问题实质。

（3）信息。决策者获得哪些信息后才能采取行动，这将决定营销调研主题的具体展开。

（4）联系。每条信息怎样支持行动、抉择，这将决定营销调研主题展开后每个具体调研目标的价值。

（5）对象。这些信息来自哪些群体，这将决定调研对象的范围。

最后，调研人员将清单交给决策者审核，确认表述准确后，便可提炼出营销调研主题。

例如，某时装企业的决策者面临是否提高时装价格的营销管理决策问题，调研人员通过与决策者沟通，了解到该时装企业的产品富有创意，与竞争对手的产品有显著的差异，而定价与竞争对手的产品持平。决策者认为如果提价能提高利润，他们将准备提价。因为决策者认为目标消费者对该时装在一定范围内提价是可以接受的。同时，决策者认为只有获得了该时装在不同价格水平下盈利情况的数据，才能决定提价的幅度。调研人员经过分析，认为该时装是否提价依赖两种信息：一种是该时装的价格弹性；另一种是在不同价格水平下，该时装的盈利变化情况。最终，调研人员将该时装企业的营销调研主题确定为：调查该时装的价格弹性及不同价格水平下产品盈利的变化情况。通过调研得知，该时装的价格弹性较小，在原价基础上提价 10%～20%，则销售收入增加，利润同步增加 5%～8%；提价超过 20%，则销售收入减少，利润也相应减少。决策者在获得调研信息后，做出了在原价基础上提价 10%～20%的决策。

（二）明确营销调研的具体调研目标

营销调研的具体调研目标是指对宽泛的营销调研主题的展开，为下一步具体调研提供清晰的指导，使营销调研变得具有可操作性。下面通过一个案例来说明如何明确营销调研的具体调研目标。

最近，A 百货公司的管理者发现客流量减少了，他们请来专业的调研公司进行咨询。

调研人员与 A 百货公司的管理者沟通后，发现 A 百货公司与竞争对手各有优劣，大多数顾客对 A 百货公司的评价持肯定态度。调研人员还查阅了有关零售行业的二手资料。最终，调研人员与管理者共同确定了 A 百货公司的营销管理决策问题：如何提高 A 百货公司的客流量？调研人员根据企业的营销管理决策问题，确定该企业的营销调研主题为：通过比较影响顾客光顾率的主要因素，确定 A 百货公司同其他主要竞争对手的相对优劣势。为了使营销调研主题具有可操作性，调研人员将营销调研主题转化为以下具体调研目标。

（1）顾客选择百货商店的标准有哪些？

（2）A 百货公司的主要竞争对手是谁？

（3）根据问题（1）中确定的标准，顾客是如何评价 A 百货公司和它的竞争对手的？

（4）当顾客想要购买某种特定商品（如皮鞋）时，通常会光顾哪家百货商店？为什么？

首先，零售行业的顾客选择百货商店时，考虑的因素很多，如商品质量、商品种类、商品价格、退换货政策、百货商店人员服务、交通便利情况、购物环境等。因此，为了提高 A 百货公司的客流量，调研人员要调研顾客选择百货商店的各种标准。其次，零售行业是高度竞争的行业，顾客通常是在比较各家百货商店之后择优选择，所以，调研人员还要调研顾客对 A 百货公司和它的竞争对手的评价。但由于这些评价涉及面广，相对比较笼统，顾客购买某种特定商品时也不会对各家百货商店进行全面系统的评价，往往依据某几个标准评价后择优选择。因此，调研顾客购买某种特定商品时通常光顾的商店名称及原因，实际上就确定了该百货商店的哪些标准在顾客心中评价甚高而吸引顾客光顾。

调研人员完成上述调研目标后，管理者即可依据调研结果采取措施提高 A 百货公司的客流量，即改进某些在顾客评价中低于竞争对手的标准，以提高 A 百货公司的客流量。

任务二　确定营销调研主题的系列案例分析

确定营销调研主题及具体组成部分是调研人员的核心技能。它需要调研人员运用市场营销学的基本原理，首先对企业的营销管理决策问题进行具体分析，然后确定能解决其营销管理决策问题的营销调研主题。为了掌握这项技能，我们可以通过分析营销调研的典型案例来理解确定营销调研主题及具体组成部分的思路和技巧。本教材精选了 3 个确定营销调研主题的典型案例以供读者借鉴。

一、确定电脑销售公司是否送货上门的营销调研主题

某电脑销售公司的营销主管发现，有些客户抱怨购买产品后自运电脑很不方便，而其他电脑销售公司也没有提供送货上门服务。营销主管意识到公司正面临一个营销管理决策问题：要不要给客户提供送货上门服务呢？营销主管要求公司调研人员根据营销管理决策问题开展调研以供决策。通过讨论分析，调研人员确定营销调研主题为：送货上门是否能引起客户的兴趣？具体调研目标如下。

（1）客户需要公司提供送货上门服务的主要原因是什么？

（2）哪些客户最有可能需要提供这一服务？

（3）这一服务能使公司的客户增加多少？

（4）这一决策能对公司的形象产生何种影响？

（资料来源：《营销调研策划》 编者有改动）

该电脑销售公司面临的营销管理决策问题是营销中的售后服务问题。在价格透明、竞争激烈的电脑市场中，良好的售后服务是获取客户的重要手段。虽然竞争对手尚未提供送货上门服务，但营销主管认为应未雨绸缪，提前考虑送货上门事宜。当然，营销主管期望送货上门服务在满足客户需要的同时，能给公司带来利益。调研人员意识到如果客户需要送货上门，则该电脑销售公司就要提供该服务。因此，调研人员首先要调研客户需要公司提供送货上门服务的主要原因，以便提供针对性的服务。其次，考虑到公司的人力、物力有限，还要调研最有可能需要提供送货上门服务的客户，以合理分配资源。最后，根据营销主管的期望，还要调研送货上门服务给公司带来的财务上和形象上的好处。

二、确定汽车公司是否安装 GPS 的营销调研主题

通用汽车公司的研发人员提出要在汽车中安装全球定位系统（GPS）。管理层认为通用汽车公司已在美国汽车市场上占据主导地位，从市场竞争角度看，安装 GPS 似乎

是锦上添花；从财务角度看，安装 GPS 也许是划算的。于是，管理层要求公司调研人员从财务角度调研安装 GPS 的收益情况以供决策。公司调研人员经过认真分析和讨论，最终确定营销调研主题为：安装 GPS 能否给公司带来更多的利益？具体调研目标如下。

（1）公司各个目标顾客群体对 GPS 的了解程度如何？

（2）GPS 对公司的不同目标顾客群体的作用是什么？

（3）顾客对在汽车中安装 GPS 可接受的价格水平是多少？

（4）哪些类型的顾客最有可能购买安装 GPS 的汽车？

（资料来源：《市场营销学》 编者有改动）

通用汽车公司是美国第一大汽车公司，其生产规模、产品性能、技术水平、市场份额都居美国汽车市场的领先地位。管理层认为在通用汽车各方面占优的情况下，安装 GPS 不能成为可有可无的投资，必须满足股东收益增加的需要。根据调研背景和管理层的期望，调研人员认为首先应调研不同目标顾客群体对 GPS 的了解程度、GPS 对不同目标顾客群体的作用、不同目标顾客群体对 GPS 可接受的价格。因为只有目标顾客群体了解了 GPS 对他们的作用，才能产生购买需要；只有 GPS 的价格可接受，目标顾客群体才能产生现实的购买行为。其次，调研人员还要调研最有可能购买安装 GPS 汽车的顾客的消费行为、购买决策等，以便开展有针对性的营销活动，确保首战告捷并带动其他人购买。最后，调研人员要调研 GPS 的安装成本、预售价格及预计销量，来判断安装 GPS 是否能为公司带来更多的利益。

三、确定房地产公司是否开发某个区域市场的营销调研主题

某房地产公司一直从事房地产买卖业务，在 2020 年年初决定进军房地产开发。为了稳妥起见，该公司打算先在市辖的 A 镇开发房地产，公司决策层了解到一个星期后政府针对 A 镇有一场房地产土地招标会。但公司对 A 镇房地产市场情况了解甚少，于是委托某咨询公司进行 A 镇房地产市场调查。经过讨论，调研人员确定了该房地产公司的管理决策问题：要不要在 A 镇开发房地产？由于对房地产开发业务不熟悉，缺乏房地产行业的基础数据，该公司决策层希望进入一个竞争不太激烈的细分市场，以便稳扎稳打。调研人员经过分析，确定该公司营销调研的主题为：A 镇房地产市场的吸引力如何？具体调研目标如下。

（1）A镇最近出让的土地的平均价格是多少？

（2）A镇近一年内开盘的各类楼盘（包括住宅、商铺）的均价是多少？

（3）A镇的房地产各细分市场的规模（按收入细分）是多少？

（4）A镇的房地产各细分市场的购买力是多少？

（5）A镇的房地产各细分市场的供求状况如何？

（6）A镇的房地产各细分市场的竞争状况如何？

房地产公司开展房地产开发业务需要获取房地产市场的基础数据，因此调研人员要调研拟进入房地产市场的土地价格和房产销售价格，以评估拟进入市场的利润率。另外，市场细分对于新进入房地产行业的公司选择合适的目标市场是非常必要的，所以，调研人员要调研A镇的房地产各细分市场规模（按收入细分）、购买力。鉴于该房地产公司希望进入一个竞争不太激烈的细分市场，所以，调研人员还要调研A镇的房地产各细分市场的供求状况和竞争状况。

课后思考练习题

某大型超市的管理者发现员工工作积极性不高，想提高员工的工作积极性，但不知从何入手，于是请来调研公司进行调研。调研人员通过与管理者沟通及在小范围内进行员工调研，认为该大型超市面临的营销管理决策问题是"如何提高员工的工作积极性"，请你在营销管理决策问题的基础上确定营销调研主题。

课外调研实战项目详解

确定浙江省湖州市A高校眼镜市场调研项目的营销调研主题及具体组成部分

2021年7月，浙江省湖州市A高校的后勤公司在学校北门建成沿街商铺，并对外出租。宝岛眼镜公司租到一间门面房。经过一个多月的准备，8月底宝岛眼镜公司的这家店正式开业。然而，宝岛眼镜公司经理对湖州市的眼镜市场不熟悉，对A高校学生的眼镜消费情况也不了解，于是他决定聘请A高校市场营销教研室进行调研。市场营销教研室认为这是一个很好的校企合作项目，于是与对方达成了合作意向。随后市场营销教研室成立了调研小组，开始启动调研程序。调研小组了解到A高校附近仅有一个人数不多的居民小区，湖州市中心有10多家眼镜店，A高校附近除了宝岛眼镜店，还有另外一家眼镜店。经过讨论和研究，调研人员确定了宝岛眼镜公司的营销管理决策问题：如何开拓A高校学生眼镜市场？

首先，调研人员认为由于宝岛眼镜店周边的小区居民不多，其目标顾客主要是A高校学生，故要调研A高校眼镜年市场容量这一基础数据。其次，宝岛眼镜店若要针对A高校学生有效开展营销活动，则必须了解A高校学生的眼镜消费行为，包括学生购买眼镜的种类、购买动机、更换周期、购买时间、购买渠道、信息渠道来源、购买决策、购买价格等信息。再次，为了同其他眼镜店竞争，还要调研竞争对手的状况。最后，还要调研A高校学生对宝岛眼镜店的意见及建议，以便持续改进宝岛眼镜店的营销管理，提高A高校学生的满意度。于是，调研人员确定宝岛眼镜店的营销调研主题为"A高校眼镜年市场容量、眼镜消费行为、竞争状况，以及A高校学生的意见、建议"。具体调研目标如下。

1. A高校眼镜年市场容量

（1）A高校近视眼镜年市场容量；

（2）A高校隐形眼镜年市场容量；

（3）A高校防辐射眼镜年市场容量；

（4）A高校远视眼镜年市场容量。

2. A高校学生的眼镜消费行为

（1）A高校学生购买的框架眼镜类型、材质；

（2）A高校学生购买的隐形眼镜的使用周期、品牌；

（3）A高校学生购买不同类型眼镜的动机；

（4）A高校学生框架眼镜的更换周期；

（5）A高校学生购买眼镜的时间；

（6）A高校学生购买眼镜的渠道；

（7）A高校学生获取眼镜信息的渠道；

（8）A高校学生购买眼镜的决策特征；

（9）A高校学生购买眼镜的价格。

3. A高校宝岛眼镜店的竞争对手情况

（1）竞争对手的数量；

（2）竞争对手的品牌知名度；

（3）竞争对手的产品质量；

（4）竞争对手的产品价格；

（5）竞争对手的产品款式；

（6）竞争对手的服务质量；

（7）竞争对手的硬件设施。

4. A高校学生对宝岛眼镜店的意见及建议

（1）对眼镜产品的意见和建议；

（2）对眼镜价格的意见和建议；

（3）对服务的意见和建议；

（4）对广告宣传的意见和建议；

（5）对营业推广的意见和建议。

项目三 制定营销调研计划书

知识目标

1. 了解营销调研计划书的结构和内容。
2. 理解制定营销调研计划书的要求和原则。
3. 掌握营销调研计划书的格式。
4. 了解制定营销调研计划书时应注意的问题。

技能目标

1. 能够具备制定营销调研计划书的周密、严谨的思维。
2. 能够独立制定营销计划书。

训练路径

1. 上网收集企业的营销调研计划书。
2. 通过对营销调研计划书案例的分析，借鉴其成果经验。

引导案例

北京地区健身器材市场营销调研计划书

一、调研背景

健身器材市场是近几年新兴的消费品市场之一，摇摆机更是新兴之中的新兴者。据宏观预测，该市场成长曲线呈上升趋势。为配合北京"三来"摇摆机进入北京地区市场，评估摇摆机营销环境，制定相应的广告策略及营销策略，预先进行北京地区健身器材市场营销调研大有必要。本次市场营销调研将围绕策划"金三角"的三个立足点（消费者、市场、竞争对手）来进行。

二、调研目的

为了给北京"三来"摇摆机进入北京市场提供客观数据支撑，本次市场营销调研工作的主要目的如下。

（1）为该产品进入北京市场进行广告策划提供客观依据；

（2）为该产品的销售提供客观依据。

具体调研目的如下。

（1）了解北京地区摇摆机市场状况；

（2）了解北京地区消费者的人口统计学资料，测算摇摆机的市场容量及潜力；

（3）了解北京地区消费者对健身器材的消费观点、习惯；

（4）了解北京地区已购买摇摆机的消费者的情况；

（5）了解竞争对手的广告策略、销售策略。

三、调研内容

（一）消费者

（1）消费者的人口统计资料（年龄、性别、收入、文化程度、家庭构成等）；

（2）消费者对健身器材的消费形态（健身方式、健身花费、健身习惯、健身看法等）；

（3）消费者对健身器材的购买形态（购买过什么器材、购买地点、选购标准、付款方式等）；

（4）消费者理想的健身器材描述；

（5）消费者对健身器材类产品广告的反应。

（二）市场

（1）北京地区健身器材的种类、品牌、销售情况；

（2）北京地区消费者的需求及购买力状况；

（3）北京地区市场潜力测评；

（4）北京地区健身器材销售通路状况。

（三）竞争对手

（1）北京地区摇摆机的品牌、产区、价格；

（2）北京地区现有摇摆机的销售状况；

（3）各品牌、各类型摇摆机的主要购买者描述；

（4）竞争对手产品的广告策略和营销策略。

四、调研对象及抽样方案

因为摇摆机为新兴商品，目前北京市场上多以进口品牌为主，高档次、高价位，购买者都为收入较高者，消费群体并未在工薪阶层中普及，所以，在确定调研对象时，要适当针对目标消费者，点面结合，有所侧重。

调研对象组成及消费者抽样要求如下。

（1）消费者：300户，其中家庭月收入20 000元以上的占50%；

（2）经销商：20家，其中大型综合商场有6家；

（3）中型综合商场：4家；

（4）健身器材专卖店：4家；

（5）体育器材专卖店：4家；

（6）小型综合商场：2家。

消费者样本要求如下。

（1）家庭成员中没有人在健身器材生产单位或经销单位工作；

（2）家庭成员中没有人在市场调研公司工作；

（3）家庭成员中没有人在广告公司工作；

（4）家庭成员中没有人在最近半年内接受过类似产品的市场调研测试。

五、调研方法

采取入户访问法和焦点小组访谈法两种形式进行调研。

对访问员的要求如下。

（1）仪表端庄、大方；

（2）举止、谈吐得体，态度亲切、热情，具有把握谈话气氛的能力；

（3）经过专门的市场调研培训，专业素质较好；

（4）具有市场调研访谈经验；

（5）具有认真、负责、积极的工作态度及职业热情。

六、调研的时间安排

调研的时间安排如表3-1所示。

表3-1　调研的时间安排

程序	时间			
	9月1日—5日	9月6日—10日	9月11日—15日	9月16日—20日
方案及问卷设计	■			
调查实施		■		
数据处理与分析			■	
报告撰写与打印				■

七、费用预算

项目费用预算为20 000元，其用途分别如下。

（1）总体方案设计费　　　　　　　　　　　　　　　4000元

（2）问卷设计费、问卷印刷费　　　　　　　　　　　2000元

（3）调研实施与复核费用（包括劳务费、交通费等）　8000元

（4）数据处理费（包括编码费、录入费、处理费、分析费）3000元

（5）营销调研报告撰写与制作费　　　　　　　　　　2000元

（6）杂费　　　　　　　　　　　　　　　　　　　　1000元

（资料来源：新浪网　编者有改动）

▶ 案例启示

这是一个健身器材生产企业为了开发市场，制定广告宣传策略、营销策略所做的市场营销调研计划书。它实际上是对健身器材市场营销调研工作的一个全盘计划和安排。当我们进行市场营销调研时，应该事先制定一份市场营销调研计划书，这样我们在开展工作之前就能"心中有数"，实际工作起来也能"有的放矢"。那么，一份市场营销调研

计划书的结构如何？应该包括哪些内容？调研人员应该怎样制定市场营销调研计划书？又应该注意哪些问题？

任务一　营销调研计划书的含义及作用

营销调研计划书，又称营销调研方案，是指在调研项目实施之前，根据调研的目的和调研对象的性质，对整个调研项目各个方面和各个阶段的任务做一个全面、系统的计划，它是整个调研项目的框架和蓝图。营销调研计划书是调研人员在开展工作前撰写的重要文件。制定一份营销调研计划书是十分必要的。它的作用具体如下。

（一）营销调研工作的纲领

营销调研计划书为整个调研工作的实施提供整体研究框架、研究方法及时间进度安排表等，有了它的指引和规定，调研人员开展营销调研活动就有了明确的目标和方向，也能按照统一的安排有条不紊地进行。因此，营销调研计划书是营销调研活动的纲领和行动指南。

（二）营销调研工作质量的控制依据

营销调研活动是一项比较复杂的工作，涉及人员多、时间长。调研人员在工作中会遇到许多问题需要解决。营销调研计划书中所提供的工作方法、任务标准、行动规范、时间安排等为调研工作提供了原则和要求，调研人员只要严格按照营销调研计划书操作，就能掌控调研工作全过程，确保调研工作按时、按标准完成。

（三）调研项目委托人与承担者之间的合同或协议

由于调研目的、调研内容、调研方法等主要的内容已被明确写入营销调研计划书中，调研机构和委托单位有一致的看法，这样有利于减少或避免日后可能产生的纠纷。所以，营销调研计划书可以起到充当合同或协议的作用。

（四）竞争调研项目、参加项目投标及争取经费的必备工具

营销调研计划书在竞争项目时会在委托公司内部传阅，此时，撰写者无法用语言来

赢得读者的认可，完全靠营销调研计划书本身的质量来赢得认可。因此，营销调研计划书是调研机构竞争调研项目的有力武器。委托公司在比较各个调研投标方的营销调研计划书后，会根据公司实际情况，筛选出调研机构，并与其签订委托调研协议。因此，营销调研计划书是调研机构参加调研项目投标和争取经费的必备工具。

任务二　营销调研计划书的内容

（一）简介

营销调研计划书的第一部分是对调研主题的简介，说明调研项目的背景和情况，明确调研项目在什么时间、什么条件的前提下开展。内容既包括介绍对企业影响较大的人口、经济、技术、政治法律、社会文化等宏观环境，也包括写明企业自身基本的业务背景资料。背景资料可以引起读者对该主题的兴趣，吸引读者阅读下去。

（二）调研目的

调研目的是指明确为什么要调研，在调研中要解决哪些问题，通过调研要取得什么样的信息资料，取得的这些资料有什么用途等。只有明确调研目的，调研人员才能确定资料来源、调研方法、抽样方案等，进而有效地组织调研工作。

（三）调研方法

调研方法的选择主要取决于调研对象和调研任务。调研对象是根据调研目的而确定的被调研的统计总体。在营销调研计划书中，调研人员要先对调研对象进行界定，然后阐述具体的调研方法。例如，如果调研人员直接向消费者收集一手资料，则可以采取访问调研法、观察法和实验调研法；如果调查内容较多，则可以考虑留置问卷法。此外，有时还要确定对资料进行整理的方法，以及分析调研资料所选用的统计工具和统计方法。

（四）抽样计划

在营销调研中，如果调研人员没有对调研总体进行正确的抽样，就往往不能得到正确的答案。抽样计划就是根据调研目的确定抽样单位、抽样框、样本数量及抽样方法。抽样单位即向什么人调查问题，抽样框即抽取样本的框架，样本数量即对多少人进行调查，抽样方法即采取随机抽样技术还是采取非随机抽样技术。

（五）时间和费用

营销调研计划书中对时间的安排包括调研时间、调研期限和调研进度。

1. 调研时间

调研时间是指调研资料所属的时间。如果所要调研的是时期现象，调研时间就是资料所反映的起讫日期；如果所要调研的是时点现象，调研时间就是规定的统一标准时间。

2. 调研期限

调研期限是指进行调研工作的起讫时间，包括从设计调研方案到提交调研报告的整个过程所需要的时间。

3. 调研进度

调研进度是对整个调研过程工作节奏的时间安排，即将调研过程中各项工作所需时间进行合理分配。需要分配时间的调研工作包括以下几点。

（1）营销调研方案的设计；

（2）抽样方案的设计；

（3）问卷的设计与预调研；

（4）问卷的修正与印刷；

（5）调研人员的招聘与培训；

（6）调研实施；

（7）数据的整理、录入与分析；

（8）调研报告的撰写与打印。

4. 调研经费

调研经费不仅包括完成一个调研项目所需的经费总额，还包括在调研工作不同阶段经费的分配。调研经费一般指的是下面这些费用的总和。

（1）调研准备阶段的费用，包括营销调研方案的设计费、抽样方案的设计费、问卷设计费、问卷印刷装订费等。

（2）调研实施阶段的费用，包括培训费、预调研费、劳务费、礼品费，以及其他费用。

（3）调研结果形成阶段的费用，包括数据审核费、编码费、录入费、数据处理费、统计分析费、调研报告撰写费，以及其他杂费。

5. 其他

营销调研计划书还要明确调研结果的呈现方式，以报告方式为例，主要包括报告书的形式与份数、报告的基本内容、原始数据、分析数据、演示文稿、原始问卷等。调研过程的组织计划主要包括调研工作中机构的设置、人员的管理、工作的协调和各种关系的处理等。

任务三　制定和评价营销调研计划书

制定营销调研计划书包括拟定市场调研纲要、完成市场调研纲要的细化、编制营销调研计划书3个步骤。当营销调研计划书制定完成后，还应对其进行评价。

一、拟定市场调研纲要

调研人员在与项目委托人就调研事宜进行沟通和交流后，对谈话内容进行总结，形成市场调研纲要。调研人员与项目委托人的谈话内容包括以下问题。

（1）调研的原因是什么？调研完成后会采取什么行动？

（2）已收集到的与本次调研有关的信息有哪些？

（3）本次调研的具体目标群体是谁？

（4）希望通过本次调研获得哪些具体信息？

（5）对调研方法有没有具体的要求？例如，有的项目委托人不信任网上调研。

（6）本次调研的预算资金是多少？

（7）何时完成调研活动？

（8）对调研结果有什么要求？例如，需要书面报告、演示文稿、原始数据、分析数据、原始问卷等。

二、完成市场调研纲要的细化

市场调研纲要可能比较模糊，范围有限或缺乏细节。因此，调研人员在市场调研纲要的基础上，需要收集更多的信息，进一步明确对调研问题背景的理解，明确哪些调研信息是最需要的，应该包括哪些调研目的，应该排除哪些调研目的，需要通过何种调研方法达到调研目的，调研项目的预算资金是多少，该如何分配调研各阶段的预算资金，时间进度怎样安排等。

三、编制营销调研计划书

一份营销调研计划书的格式通常如下。

（一）前言

前言应简明扼要地介绍整个调研活动开展的背景。常用以下方法。

（1）从公司的客观现状出发，提出进行调研的必要性。例如，可以从目前公司产品销量连续下滑的问题入手，说明进行营销调研的原因。具体文字可表述为：某公司产品长期以来深受消费者欢迎，但最近连续几周出现销量下滑的情况，而竞争对手的产品销量却呈现上升趋势，为尽快扭转不利局面，应该进行营销调研。

（2）从环境分析的结果出发，提出调研的必要性。例如，可以对公司经营环境等进行分析，说明进行营销调研的原因。具体文字可表述为：目前国内外的经济形势和相关政策都发生了变化，公司所处的行业也出现了较大的变化，而公司在较长时间内没有进行深入的营销调研活动，为了识别营销环境中的机会和威胁，有必要尽快开展营销调研工作。

（3）从公司营销的角度出发，提出调研的必要性。例如，某公司研发了一种市场前景较好的新产品。为了进入某地市场，需要评估新产品的行业环境，了解消费者的购买行为和新产品的营销渠道,以制定相应的广告策略和营销策略。因此,预先进行营销调研大有必要。

(二)调研目的和任务

调研目的要根据项目的背景和委托单位的要求,提出调研要研究的问题。调研目的的陈述针对性要强。如果是受客户委托撰写营销调研计划书,调研人员则应按照客户要求进行说明。例如,某客户委托调研机构开展员工满意度调查以提高员工的服务水平,其调研目的可以表述为:通过对员工的调研,了解员工在工作上、薪酬上、管理制度上、企业文化上的满意度,研究各方面满意度与服务水平的关系,在此基础上,提出提高员工服务水平的具体措施。

(三)调研内容

调研内容是根据调研目的确定所需获得的信息,其实质是依据营销理论推出管理决策所需的详细信息。例如,某调研机构开展调研是为了给跑步机进入上海地区市场进行广告策划和销售策划提供客观依据。其调研内容可以细化为:(1)消费者的人口统计资料;(2)消费者对健身器材的消费形态;(3)消费者对健身器材的购买形态;(4)消费者对健身器材类产品广告的反应;(5)上海地区健身器材的种类、品牌、销售情况;(6)上海地区消费者的需求及购买力状况;(7)上海地区市场潜力测评;(8)上海地区健身器材销售通路状况;(9)上海地区跑步机的品牌、产区、价格;(10)各品牌、各类型跑步机的主要购买者描述;(11)竞争对手产品的广告策略和营销策略。

(四)调研对象及抽样方案

这部分要列出被调查者的定义特征、抽样方案的主要步骤及样本量的大小等。例如,某调研项目的调研对象表述为:北京地区18周岁以上的成年人,其家庭成员中没有人在健身器材生产单位或经销单位工作,也没有人在市场调查公司或广告公司工作。抽样方案只有保证抽选出具有代表性的样本,才能得出正确的结论。例如,某调研项目的抽样方案表述为:采用抽样调查的方式向被调查者收集原始资料。首先,采取判断抽样,在北京、上海、武汉、南京、苏州、天津、青岛、郑州、合肥、南昌、广州、深圳12个城市抽取样本,每个城市抽取200人,总样本量为2400人;然后每个城市按年龄和性别进行配额抽样,结果如表3-2所示;最后,各地访问员对各年龄段的男女样本进行偶遇抽样访问。

表 3-2　配额抽样结果

性别	年龄				
	18~30 岁	31~40 岁	41~50 岁	51 岁以上	合计
男	20	20	20	20	80
女	30	30	30	30	120
合计	50	50	50	50	200

（五）调研方法及数据处理方法

调研方法是指获得资料的方法。例如，调研方法可以表述为：采取访问调研法进行调研，通过填写调查问卷、探讨和征求相关意见，完成数据采集。数据处理方法是指对数据加工分析的具体方法。例如，数据处理方法可以表述为：采用 SPSS 工具进行数据录入和处理，将定性分析与定量分析相结合。

（六）调研进度安排及经费预算

调研进度安排要求详细列出每个步骤所需的时间及起讫时间。经费预算要求详细列出每项所需要的费用，通过仔细估算，实事求是地列出每项的预算和总预算。

在进行调研时间进度安排时，经常采用表格的形式表示，既生动、形象，又能使读者一目了然。例如，某调研项目的调研时间进度安排表述为：调研人员一般在居民区进行访问调研，全部调研工作从正式启动后 40 日内完成所有调研任务，具体安排如下。

第一阶段（5 天），收集二手资料，调查问卷，初稿设计。

第二阶段（5 天），问卷测试、修改、印刷。

第三阶段（15 天），访问员选聘、培训及实施调研。

第四阶段（8 天），对数据进行处理和分析。

第五阶段（7 天），撰写并提交调研报告。

在安排经费预算时，一般采用按样本量法估算，即先估算出每个样本的抽样费、调研人员的劳务费、礼品费、复核员的劳务费，然后乘以样本量，再加上问卷印刷费、数据处理费、报告撰写费及其他杂费，所得总和作为调研经费的预算。

比如，某调研项目的经费预算表述为：设计费用（总体方案设计、抽样方案设计、问卷设计等费用）约为 3000 元，问卷测试、修改、印刷费用约为 2000 元，调研实施与复核费用（培训费、劳务费、交通费等）约为 20 000 元，礼品费由委托方出，数据处理费（编码、录入、处理、分析等费用）约为 4000 元，报告撰写与制作费约为 10 000 元，杂费约为 1000 元，合计约 40 000 元。

（七）附件

附件包括调研项目负责人及主要参与者名单，说明每名调研人员的专业特长及在该项目中的主要分工。还包括抽样方案的技术说明及细节说明，问卷设计中的有关技术说明，调查问卷及相关表格等。

四、评价营销调研计划书

评价营销调研计划书应从目的性、科学完整性、可行性 3 个方面来衡量。

（一）营销调研计划书是否体现调研的目的性

设计一份营销调研计划书是为了使营销调研工作能够顺利进行，实现营销调研的目的。这里的目的性是指在一定经费约束下，整个调研过程的各项设计和安排能够确保调研活动顺利开展，获得客户想要的信息。这是对营销调研计划书最基本和最重要的要求。调研的目的不明确必然导致整个计划书不能充分体现调研的目的。

（二）营销调研计划书是否具有科学完整性

科学完整性是评价一份营销调研计划书的重要标准。制定营销调研计划书本身就是对整个调研工作的全局性的安排，营销调研计划书应该包括营销调研工作的整体框架。如果营销调研计划书不完整，则会使调研工作在某个环节卡壳，影响调研工作的顺利进行。调研是一项复杂、严谨的工作，每个环节都必须经过科学的设计，才能保证调研工作的正确开展和完成。比如，采取的抽样方法要能使样本具有代表性；采用的调研方法要能保证获得所需的信息；采取的数据分析技术要能有效地分析调研资料；安排的调研时间进度要能保证完成调研任务。否则，不具有科学完整性的营销调研计划书会导致错误的行动实施，调研工作的质量将无法保证，调研结果也将难以应用。

（三）营销调研计划书是否具有可行性

判断营销调研计划书中的内容是否具有可行性，重点考核调查问卷的设计、抽样的方法、数据的处理分析和经费预算等环节是否具有可行性。比如，当需要调研的问题中包含敏感性问题时，往往受访者的拒访率比较高，此时，如果不能降低敏感性问题的敏感度，则调研方案实施的可行性将大大降低。又如，对近 2 万名在校大学生进行化妆品的消费研究时，调研人员既不可能又无必要选用普查的调研方式，完全可以采用抽样调查的调研方式。

课后思考练习题

某食品公司计划在下一年度推出一种新口味的饮料，这种新口味的饮料甜中带酸，它的目标市场是普通消费者。该食品公司希望对潜在市场有一个简单的了解，请分析进行营销调研时，其调研目的是什么？调研内容有哪些？

课外调研实战项目详解

浙江省湖州市 A 高校眼镜市场营销调研计划书

一、调研背景

浙江省湖州市 A 高校是一所有 1 万多名学生的地方性高校，A 高校学生每年对眼镜的需求量相当可观。地处 A 高校北门的宝岛眼镜店在 2021 年 8 月正式开业。为了开拓 A 高校眼镜市场，需要了解 A 高校眼镜市场环境、消费者行为特征及眼镜行业竞争状况。因此预先进行 A 高校眼镜市场调研很有必要。

二、调研目的

为了给宝岛眼镜店的产品进入 A 高校市场提供客观数据支撑，本次市场营销调研工作的主要目的如下。

（1）了解 A 高校眼镜消费者的人口统计资料，测算眼镜的市场容量及潜力；

（2）了解 A 高校眼镜消费者的消费行为，为宝岛眼镜店开展营销活动提供依据；

（3）了解竞争对手的优劣势。

三、调研内容

（一）A 高校眼镜消费者

（1）A 高校眼镜消费者的人口统计资料（性别、经济状况、年级）；

（2）A 高校眼镜消费者的消费行为（购买原因、购买眼镜类型、何时购买、何地购买、信息渠道、如何决策等）；

（3）A 高校眼镜消费者对宝岛眼镜店的意见和建议。

（二）市场

（1）A 高校眼镜的类型、品牌和销售情况；

（2）A 高校眼镜消费者的需求及购买力状况；

（3）A 高校眼镜市场容量和潜在市场容量测评。

（三）竞争对手

（1）A 高校眼镜市场上有哪些竞争对手，其产品价格、市场占有率如何；

（2）各竞争对手产品的主要购买者描述；

（3）各竞争对手产品的优劣势有哪些。

四、调研对象及抽样方案

（一）调研对象及样本量

调研对象为 A 高校已佩戴眼镜或未来一年内将购买眼镜的 A 高校全体全日制学生，样本量为 350 人。

（二）抽样方案

以 A 高校 10 幢学生宿舍的房间号为抽样框，首先采取分层比例抽样法确定每幢宿舍的抽样人数，然后采取等距抽样法从每幢宿舍里抽出若干房间，最后采用抽签法从每个房间中抽取一个床铺号，抽中的每个床铺号对应一名学生。

五、调研方法

采取入户访问法进行调研，通过让学生填写调查问卷，完成数据采集。

对访问员的要求如下。

（1）仪表端庄、大方，举止得体，态度亲切、热情，具有把握谈话气氛的能力；

（2）经过专门的市场调查培训，专业素质较好；

（3）具有认真、负责、积极的工作态度及职业热情。

六、调研的时间安排

调研的时间安排如表 3-3 所示。

表3-3 调研的时间安排

程序	时间			
	5月1日—5日	5月6日—10日	5月11日—20日	5月21日—30日
方案及问卷设计	■			
调查实施		■		
数据处理与分析			■	
报告撰写与打印				■

七、费用预算

项目费用预算约为5000元，其用途分别如下。

（1）总体方案设计费　　　　　　　　　　　　　　　1100元

（2）问卷设计费、问卷印刷费　　　　　　　　　　　1000元

（3）调研实施与复核费用（包括劳务费、交通费等）　　800元

（4）数据处理费（包括编码费、录入费、处理费、分析费）1000元

（5）营销调研报告撰写与制作费　　　　　　　　　　1000元

（6）杂费　　　　　　　　　　　　　　　　　　　　100元

项目四 选择调研方法

知识目标

1. 了解文案调研法的概念、特点及应用。
2. 掌握访问调研法、观察法、实验调研法的特点、形式和应用。

技能目标

1. 能够根据不同调研对象和影响因素选择合适的调研方法。
2. 能够运用文案调研法、访问调研法、观察法、实验调研法等进行调研。
3. 能够对各种调研方法进行评析。

训练路径

1. 通过互联网、图书馆等收集某一主题的二手资料，进行文案调研。
2. 观察顾客在超市的消费行为，记录后整理成观察报告。
3. 在一定范围内（如食堂）就某一主题进行简单的访问调研。

引导案例

日本企业是如何推理出大庆油田的机密的

20世纪60年代，中国大庆油田的位置、规模和加工能力都是严格保密的。日本为了确定能否和中国达成炼油设备的交易，迫切需要知道大庆油田的位置、规模和加工能力。为此，日本情报机构从中国公开的刊物中收集了大量有关的信息，并对所收集到的信息进行了严格的定性和定量处理后，得出了有关大庆油田的位置、规模和加工能力的准确情报。

首先，日本情报机构从1964年4月20日《人民日报》刊发的《大庆精神大庆人》的通讯中判断出中国的大庆油田确有其事。以此为线索，日本情报机构开始全面搜集中国报纸、杂志上有关大庆油田的报道。在1966年中国某家媒体上，日本情报机构看到了王进喜站在钻机旁的那张著名的照片，并根据王进喜的服装确定，只有在冬季位于北纬46°至48°的区域内才有可能穿这样的衣服，因此大庆油田可能在冬季平均温度为-30℃的齐齐哈尔与哈尔滨之间的东北北部地区。之后，来中国的日本人在坐火车时发现，来往的油罐车上有一层泥土，根据泥土的颜色和厚度，日本情报机构得出了"大庆油田在东北三省偏北"的结论。

1966年10月，日本情报机构又对《人民中国》杂志发表的有关王进喜的事迹进行了详细的分析，从中知道了"最早钻井是在北京附近着手的"，并从人拉、肩扛钻井设备的运输情况中判明，井场离火车站不会太远。在对王进喜的事迹报道中有这样一段话——"王进喜一到马家窑看到大片荒野说：'好大的油海！我们要把石油工业落后的帽子丢到太平洋区'。"于是日本情报机构从伪满旧地图上查到：马家窑是位于黑龙江海伦市东南的一个村子，在北安铁路上一个小车站东边十多公里处。经过对大量有关信息进行严格的定性和定量分析，日本情报机构终于得出了大庆油田位置的准确情报。

为了弄清大庆油田的规模，日本情报机构对王进喜的事迹做了进一步的分析。报道说："王进喜是玉门油田的工人，他是1959年到北京参加国庆庆典之后自愿去大庆的。"日本情报机构由此断定，大庆油田在1959年以前就开钻了。对于大庆油田的规模，日本情报机构分析后认为："马家窑位于大庆油田的北端，即北起海伦的庆安，西南穿过齐齐哈尔与哈尔滨之间的安达附近，包括公主岭西南的大棚，南北四百公里的范围。"从东北北部到松辽油田统称"大庆"。

为了弄清楚大庆炼油厂的加工能力，日本情报机构从1966年的中国某家媒体上找到一张炼油厂反应塔的照片，从反应塔上的扶手栏杆（一般为 1 米多）与塔的相对比例推知，塔直径约为 5 米，从而计算出大庆炼油厂年加工原油能力约为 100 万吨。1966 年，已有 820 口油井出油，年产量 360 万吨，估计大庆油田在 1971 年的年产量可增至 1200 万吨。通过对大庆油田位置、规模和加工能力的分析，日本决策机构推断："中国在近几年必然会感到炼油设备不足，从而完全有可能购买日本的轻油裂解设备，所要购买的设备规模和数量要满足每天炼油 1 万吨的需要。"

有了如此多的准确情报，日本人迅速设计出适合大庆油田开采用的石油设备。当中国政府向世界各国征求开采大庆油田的设计方案时，日本人一举中标。

（资料来源：豆丁网　编者有改动）

案例启示

这是正确运用各种调研方法的一个经典案例。在市场营销中，我们需要了解客户对产品的要求，以便更好地满足客户的需要。收集顾客对产品要求的信息对营销调研工作极有帮助。那么，在收集这些资料时，调研人员是收集一手资料，还是收集二手资料？如果需要收集二手资料，则可采用什么调研方法？如果需要收集一手资料，则可采用什么调研方法？

上述案例中，日本情报机构采取文案调研法（查阅报纸、杂志、画报等文案资料）、观察法，得出了大庆油田的位置、规模和加工能力，并在此基础上设计出适合大庆油田开采用的石油设备，在中国政府征求开采大庆油田的设计方案时一举中标。由此可见，了解各种调研方法的特点，并能正确地运用各种调研方法是获取市场信息的关键。

任务一　文案调研法

确定了具体的调研目标后，接下来调研人员要选择有效的调研方法进行资料收集，以确保收集的调研资料能够满足调研项目的需要。按照调研资料来源的不同，可将调研方法分为文案调研法和实地调研法。其中，实地调研法包括访问调研法、观察法、实验调研法、焦点小组访谈法。下面主要介绍文案调研法。

一、文案调研法

文案调研法是调研人员通过收集各种历史和现实的、内部和外部的文献资料，从中摘取与调研课题有关的信息并进行分析研究的一种调研方法。文案调研法通常是调研人员进行营销调研的首选方法，只有当文案调研资料不能提供足够信息时，调研人员才进行实地调研，因此文案调研法作为市场信息收集的重要方式，一直受到极大的重视。下列情况常常适合采用文案调研法。

（1）设计营销调研方案需要大量的背景信息；

（2）对行业市场供求趋势的动态分析；

（3）对企业市场占有率的分析；

（4）对市场现象的相关与回归分析。

例如，国家房地产政策对某市购房需求的影响调研、某市汽车消费现状及发展趋势调研、某市手机品牌竞争概况调研、某市近 5 年消费者收入与健身需求的相关性调研等，都适合采用文案调研法。

二、文案调研法的优缺点

文案调研法的优缺点如表 4-1 所示。

表 4-1　文案调研法的优缺点

优点	缺点
• 花费费用和时间较少	• 随时间的推移和市场环境的变化，文案资料会出现时效性的问题
• 可以不受时空的限制，收集到比实地调研法更为广泛的、多方面资料	• 文献内容很难与调研要求完全一致，需要进一步加工、处理
• 文案调研法是对已有的资料进行分析，较少受主观因素干扰，信息内容更为真实、客观	• 文案调研法需要调研人员具备专业的数据分析技能，因此资料收集受调研人员主观因素影响大

三、文案调研法的来源

（一）内部资料来源

1. 业务资料

业务资料包括与企业业务活动有关的各种资料，如订货单、进货单、发货单、销售记录、库存记录、业务员访问记录等。通过对这些资料的了解和分析，调研人员可以掌握企业所生产和经营的产品的供应情况、用户的需求情况等。

2. 统计资料

统计资料包括企业各类统计报表，生产、销售、库存等各种数据资料，以及各类统计分析资料。企业统计资料是研究企业经营活动数量特征及规律的重要依据，也是企业做出预测和决策的基础。

3. 财务资料

财务资料是由企业财务部门提供的各种财务分析资料，包括生产成本、销售成本、各种商品价格及利润。通过对这些资料的研究，调研人员可以考核企业的各类成本及所取得的经济效益。

4. 企业积累的其他资料

企业积累的其他资料包括平时剪报、各种调研报告、经营总结、顾客意见和建议、企业制作的专门审计报告等。这些资料对市场调研有一定的参考价值。

（二）外部资料来源

1. 统计部门与各级各类政府主管部门公布的有关资料

国家统计局和各地方统计局都会定期发布统计公报、统计年鉴等信息，内容包括全国人口总数、国民收入、居民消费等，这些都是具有权威性和价值性的信息。此外，发展改革委、财政部、市场监督管理局、税务局等国家职能部门也会公布有关政策、法规、价格等信息。

2. 信息咨询机构、专业调研机构、各行业协会提供的市场信息和行业情报

这些机构信息资料齐全，信息灵敏度高，为了满足各类用户的需要，它们通常还提供资料的代理、咨询、检索和定向服务，是调研人员获取资料的重要来源。

3. 媒体发布的有关经济和市场行情的信息资料

这类信息资料包括电视、广播、杂志、报纸、互联网等发布的丰富的经济信息和市场行情信息。

4. 图书馆、网络数据库提供的各类调研报告、学术论文

这类信息资料专业性强、可信度高，也是调研人员获取资料的重要来源。

5. 各类会议提供的文件和资料

国内外各种类型的博览会、展销会、订货会及学术交流会上发放的会议文件和资料，都有一定的参考价值。

四、文案调研法的工作程序

（一）确定收集内容

收集内容要根据调研主题进行选择。例如，在调研某地居民房地产消费水平时，可以收集该地的经济环境、人口环境、政策环境、社会环境等资料。在人口环境资料方面，调研人员要收集当地人口总量、人口结构、家庭数量、家庭结构等资料。

（二）确定收集方法

文案调研的资料来源分为内部资料来源和外部资料来源。内部资料的收集比较容易，因此，一般应尽量利用内部资料。对于外部资料的收集，调研人员可根据不同的情形采取不同的方法：对于政府、企事业单位公布的有关资料及具有广告宣传性质的资料，调研人员可以免费获取；对于需要通过有偿方式获得的资料，调研人员可以通过订购、邮购等方式获取。

（三）审查和整理资料

在获取到文案调研的资料后，要鉴定其真实性、可用性、时效性，即鉴定资料来源的真实性和统计真实性；鉴定资料是否与调研内容相一致；鉴定资料发表的时间是否与调研所要求的时限相一致。对于非及时的资料，调研人员应该毫不犹豫地舍弃；对于审查合格的资料，调研人员还须按照资料项目、调查主体、调查年份等进行分类整理。

任务二　访问调研法

访问调研法是通过口头、书面或电话等方法向被调查者了解市场情况的一种调研方法。根据调研人员与被调查者接触方式的不同，访问调研法可分为面谈访问法、电话访问法、邮寄访问法、留置问卷访问法和网络访问法等。

一、面谈访问法

面谈访问法是调研人员直接与被调查者面对面交谈而收集资料的一种调研方法。它是市场调研中最通用、最灵活的一种调研方法。其具体形式有很多种，既有派员工走出去，也有把被调查者请进来；既有个别交谈，也有开座谈会；既有在家庭、在单位进行入户调研，也有在公共场所进行拦截式调研。

（一）面谈访问法的分类

面谈访问法分为标准式面谈与非标准式面谈，标准式面谈是指在访问中按照事前设计的问卷进行面谈。非标准式面谈是指在访问中没有标准的询问问题，调研人员仅仅按照一些预定的目标自由发挥，提出问题进行询问。

（二）面谈访问法的优缺点

面谈访问法的优点是灵活性强，调研人员可随机应变地提出问题。对于被调查者不清楚的问题，调研人员可加以阐述，使其充分发表意见，还可相互启发，使调研人员收集到更多有用的信息。另外，面谈访问法的拒答率较低，其调研结果的准确性和真实性相对较高。面谈访问法的缺点是调研成本高、时间长，调研范围有限，调研结果容易受调研人员的素质、调研问题的性质和被调查者的合作态度的影响。

二、电话访问法

电话访问法是调研人员通过电话中介与选定的被调查者交谈，以获取市场信息的一种调研方法。它一般适用于被调查者对调研问题比较熟悉，或者调研问题较为简单并需及时得到调研结果的调研项目。

（一）电话访问法的分类

电话访问法分为传统电话访问法和计算机辅助电话访问法。

传统电话访问法是调研人员在室内按照调研设计所规定的随机拨号的方法拨打电话，筛选访问对象，对被访问者进行问卷调查的调研方法。计算机辅助电话访问法是访问员坐在计算机前，采用计算机自动拨号系统随机拨号，通过键盘将数据及时录入计算机的一种调研方法，其特点是计算机屏幕上每次只出现一个问题，计算机会根据答案自动跳到下一个相关问题，省去了数据编码和录入的过程，计算机主机还可以随时提供整个调研的进展情况及阶段性调研结果，具有智能重拨功能。

（二）电话访问法的优缺点

电话访问法的优点是取得市场信息的速度较快；节省调研费用和调研时间；调研的覆盖面较广；对调研人员的要求不是特别高，因调研人员导致的误差也较小。

电话访问法的缺点是调研只限于简单的问题，无法对复杂问题进行调研；访问时间一般不能太长，不能深入了解一些问题；调研人员不在现场，很难判断出所获信息的真伪。

三、邮寄访问法

邮寄访问法是调研人员将设计好的问卷邮寄给被调查者，被调查者填好问卷后再寄回的一种调研方法。邮寄访问法比较适合对时效性要求不高、调研内容比较多、被调查者的名单地址清楚的调研项目。

（一）邮寄访问法的优缺点

邮寄访问法的优点是费用低廉；保密性好；调研区域广；被调查者有充分的时间填写问卷；可对某些敏感和隐私问题进行调研。

邮寄访问法的缺点是回收率较低；信息反馈时间长，影响时效性；对调研内容的设计要求较高。

（二）邮寄访问法的注意事项

提高调查问卷的设计质量和回收率是邮寄访问法的两个关键。调研人员在设计邮寄问卷时要注意以下事项：第一，调查问卷的内容要简洁；第二，必须向被调查者介绍问卷的要求、回收的时间；第三，向被调查者说明调研的目的及结果的重要性，并写上致谢的礼貌用语。在邮寄调查问卷时，调研人员可以附上回邮信封和邮票，并赠送一些购物优惠券，并告知凡是在规定时间内寄回调查问卷的被调查者都可参加抽奖活动，如果中奖，则可以获得相应的礼品。调查问卷寄出后，调研人员应预先电话通知被调查者，在收到回信后向其致谢，并给中奖的被调查者寄出礼品。

四、留置问卷访问法

留置问卷访问法是调研人员先当面将调查问卷交给被调查者，并向其详细说明填写事项，再由被调查者自行填写，最后由调研人员定期回收的一种调研方法。留置问卷访问法是介于面谈访问法和邮寄访问法之间的一种调研方法。

留置问卷访问法的优点是受访者可以依据自己的时间从容作答，也可以回答耗费时间长或难以当面回答的问题；问卷回收率较高。

留置问卷访问法的缺点是难以确认回答是否是受访者本人做出的；需要进行委托调研及回收两次访问，耗费人力成本及费用较高；调研地域范围有限；不利于对调研人员的管理、监督。

五、网络访问法

网络访问法是将问卷设计、样本抽取、问卷发放和数据处理等整个调研过程都通过计算机和互联网来完成的一种调研方法。

（一）网络访问法的优缺点

网络访问法的优点是调研范围广泛；问卷回收率较高；能提供独特的视觉音响效果；调研成本低、效率高。

网络访问法的缺点是所获信息的准确性和真实性程度难以判断；调研活动对调研人员的互联网技术和操作方法要求较高。

（二）网络访问法的种类

按照调研方法的不同，网络访问法分为网络直接调研法和网络间接调研法。

网络直接调研法是利用互联网直接进行问卷调查等，收集一手资料的调研方法。具体可分为网上问卷法、网上访谈法。

网络间接调研法是利用互联网收集与企业营销有关的市场、竞争对手、消费者及宏观环境等方面信息的一种调研方法。一般通过搜索引擎或检索有关站点的网址，然后访问所需查找信息的网页。

六、几种访问调研法的比较

面谈访问法、电话访问法、邮寄访问法、留置问卷访问法和网络访问法各有其利弊，在具体实施营销调研时，调研人员究竟应该选择哪种调研方法，往往需要权衡利弊。下面对面谈访问法、电话访问法、邮寄访问法、网络访问法这几种常用的访问调研法的特点进行了比较，以便选择时考虑，如表4-2所示。

表4-2 几种访问调研法的特点比较

对比项目		访问调研法			
		面谈访问法	电话访问法	邮寄访问法	网络访问法
调查范围		较小	较广	广	广
调研对象	母体资料	较完整	不易完整	不易完整	不易完整
	样本代表性	高	低	中	低
	受访合作性	高	中	低	低
问卷设计	问题数目	可多	不多	不宜多	不多
	敏感问题	易得到回答	可引导回答	难得到回答	难得到回答
	问卷复杂性	高	低	低	低
访问过程	人力需求	较多	较少	少	少
	访问时间	长	短	长	长
	费用	高	低	较低	低
访问结果	回答率	高	较高	较低	较低
	答卷质量	高	较高	较低	较低

任务三 观察法

观察法是调研人员利用感觉器官和其他辅助工具，在现场直接观察调研对象，以获得所需信息的调研方法。观察法不要求调研人员接触被调查者，而是在旁边观察被调查者的行动、反应和感受，其调研结果的真实性和客观性较高。

一、观察法的优缺点

观察法的优点是可获得真实、客观、具体的资料，且简单易行。

观察法的缺点是仅能取得表面性资料，无法深入探究其原因、态度和动机等；只能观察到正在发生的动作和现象，对已经发生或将要发生的事情却无法得知；要求较高的调研费用和较长的观察时间。

❖ 案例：日本人的观察

一天，一个美国家庭住进了一位"不幸"的日本人。奇怪的是，这位"落难者"每天都会做笔记，记录美国人居家生活的各种细节，包括吃什么食物、看什么电视节目等。一个月后，日本人便走了。不久，丰田汽车公司推出了针对美国家庭需求设计的物美价廉的旅行车，并大受欢迎。举一个例子就能说明，美国男士，特别是年轻人，喜爱喝玻璃瓶装饮料而非纸盒包装的饮料，丰田汽车设计师就专门在车内设计了能冷藏并能安全放置玻璃瓶的柜子。直至此时，丰田公司才在报纸上刊登了他们对美国家庭的研究报告，并向那户人家致歉，同时表示感谢。

（资料来源：《营销调研策划》 编者有改动）

二、观察法的分类

（一）按照观察形式划分

1. 直接观察法

直接观察法是指调研人员直接对被调查者的行为进行观察，包括调研人员直接参与到特定的环境和调研对象群体中，亲自参与某种社会经济活动，获取有关信息；调研人员不直接参与到调研对象群体中，而是以局外人的身份观察事情的发生和发展情况，如跟踪观察大学生校外就餐活动。

2. 间接观察法

间接观察法是指调研人员对自然物品、社会环境、行为痕迹等事物进行观察，以便间接反映调研对象的状况和特征。比如，通过分类整理废弃易拉罐，调研人员可以得知各种品牌的啤酒、饮料在当地的销量排名。

❖ 案例：间接观察

一般人认为间接观察法对经营决策的作用不大，但事实恰恰相反。比如，从夏季的垃圾桶内的丢弃物中观察冷饮包装纸的品牌，可以得知哪种品牌的冷饮在当地销路最广；从废易拉罐的分类整理中，可以得知哪种品牌的啤酒、饮料在当地最畅销；从损坏的玩具中可以区分出玩具的哪个部位最容易被儿童弄坏，以便在新设计的产品中加以改进。

著名的雪佛隆公司邀请亚利桑那大学教授威廉·雷兹对垃圾进行研究。这位教授每天尽可能多地收集垃圾，然后按垃圾的内容标明其原产品的名称、质量、数量、包装形式等，并予以分类，最终获得了有关当地食品消费状况的准确信息。威廉·雷兹教授说："垃圾绝不会说谎和弄虚作假，什么样的人就丢什么样的垃圾。"雪佛隆公司借此做出相应决策，大获全胜，而竞争对手始终没搞清楚雪佛隆公司的市场情报来源。

（资料来源：《营销调研策划》 编者有改动）

（二）按照观察环境划分

1. 实验观察法

实验观察法是指调研人员在人为设计的环境中进行观察。例如，要了解商场营业人员对挑剔顾客的态度，调研人员可以以顾客的身份去购物，并有意识地做出某些行为以刺激商场营业人员做出反应，从而获得调研人员想了解的情况。

2. 非实验观察法

非实验观察法是指调研人员在自然状态下进行观察，所有参与的人和物都不受控制，与平常一样。例如，调研人员在自然状态下观察餐饮店服务人员提供服务的过程。

（三）按照观察是否为被观察者察觉划分

1. 公开观察法

公开观察法是指调研人员在进行观察时将自己观察活动的目的及观察内容告诉被调查者。但采用公开观察法时，被观察者意识到自己受人观察，会表现得不自然，或者有意识地改变自己的惯常态度和做法，从而导致观察结果失真。

2. 隐蔽观察法

隐蔽观察法是指调研人员在观察过程中不暴露自己的身份，使被观察者在不受干扰的情况下真实地表现自己。这样观察的结果会更加真实、更加可靠。

(四)按照观察所采用的工具划分

1. 人工观察法

人工观察法是指由调研人员直接在观察现场记录有关内容,并根据实际情况对观察到的现象做出合理推断。例如,调研人员对幼儿园的小朋友进行观察,推断出他们中的大多数喜欢哪种类型的玩具,为玩具厂商产品开发提供资料依据。

2. 机器观察法

机器观察法是指调研人员借助各种观察设备和器材,如录音机、摄像机等,对具体观察目标进行观察。例如,通过在商场的不同位置安装摄像系统,可以较好地记录售货人员和顾客的行为表现。机器观察的效率高,也比较客观。但机器观察所记录的内容还需调研人员做进一步的分析,这要求调研人员具有较高的专业水平。

> **案例:电视收视率观察**
>
> 尼尔森调查公司曾采用尼尔逊电视指数系统,代替传统的调查小组日记的方法评估全国的电视收视情况。该公司抽样挑出 2300 户有代表性的家庭作为调研对象,并为这 2300 户家庭各安装一个收视计数器,其每 90 秒钟扫描一次。只要每个家庭通过电视机收看 3 分钟以上的节目,收视计数器就自动记录收视时间、收视人数、收看频道和节目等数据。所记录的数据通过电话线传到公司的计算机中心,再由公司的调查人员对计算机记录的数据进行整理和分析,得出电视频道和节目的收视率。据此,广告公司可以选择广告的最佳投放电视频道和时段。
>
> (资料来源:《营销调研策划》 编者有改动)

三、观察法的记录技术

观察法的记录技术是指调研人员在实施观察中所运用的一些技术手段,主要包括卡片、符号、记忆、机械记录。采取恰当的记录技术,可以减轻调研人员的负担,准确、及时、无遗漏地记下信息。

(一)卡片

卡片是一种标准化的记录工具,其记录的结果即观察的最终资料。设计卡片时,首先，列出所有观察项目，去掉无关紧要的项目，保留重要的项目，然后，列出每个项目中可能出现的情况，并进行合理编排，最后，通过小规模的观察来检验卡片的针对性、合理性和有效性。

（二）符号

利用符号代表在观察中出现的各种情况。在记录时，调研人员只需根据出现的情况记下相应的符号，不需要再用文字叙述，这样可以提高记录的速度。

（三）记忆

记忆是指在观察中采取追忆的方式进行记录，常用于调研时间紧迫、不宜做现场记录或缺乏记录工具的情况。由于人的大脑不可能准确无误储存很多的信息，因此，调研人员必须抓住要点记忆，提纲挈领，事后及时整理。

（四）机械记录

机械记录是指运用录音机、照相机、摄像机等器材进行观察记录。它能详尽记录所要观察的事物，但容易引起被调查者的顾虑，使信息失真。

四、观察法的应用

（一）观察法的应用范围

1. 顾客行为观察

顾客行为观察，可促使企业有针对性地采取恰当的促销方式。调研人员要经常观察或记录顾客在商场的活动情况，如顾客在购买商品之前，主要考虑的是商品价格、商品质量，还是商品款式。又如顾客对商场的服务态度的评价等。

2. 顾客流量观察

顾客流量观察对商场改善经营、提高服务质量有很大的好处。例如，观察一天内各个时间段进出商店的顾客数量，可以合理安排员工的工作时间，更好地为顾客服务。又如在为新商店选址或研究市区商业网点的布局时，需要对客流量进行观察。

3. 使用现场观察

调研人员到产品使用地进行现场观察，了解产品质量、性能和用户反映等情况，以及产品使用的条件和技术要求，从中发现产品更新换代的前景和趋势。

4. 商店柜台及橱窗布置观察

为了提高服务质量，调研人员要观察商店柜台及橱窗布置是否合理，顾客选购、付款是否方便，柜台商品是否丰富，顾客成交率及营业员的服务态度如何等。

5. 交通流量观察

为了更合理地定位某一街道、路段的商业价值或提出可行的交通规划方案，调研人员常需要调研某一街道的车流量、行人流量及其方向。调研时可由调研人员或用仪器记录该街道在某一时间内所通过的车辆、行人数量及其方向，并测定该街道车辆和行人的高峰和平峰的规律，以供营销决策参考。

（二）应用观察法的注意事项

（1）为使观察结果具有代表性，应预先设计好抽样方案，以使观察的对象和时段具有代表性。

（2）在观察时，调研人员最好不要让被调查者有所察觉，而要使被调查者处于自然状态，以获得真实的观察结果。

（3）在实际观察时，调研人员必须实事求是、客观公正，不得带有主观偏见，更不能歪曲事实真相。因此，要对调研人员进行有效培训，提高他们的业务素质。

（4）调研人员的记录用纸和观察项目最好有一定格式，以便尽可能详细、快速地记录调研内容。

任务四　实验调研法

实验调研法是指从影响调研对象的若干因素中选出一个或几个因素作为实验因素，在其他因素均不发生变化的条件下，了解实验因素的变化对调研对象影响程度的一种调研方法。例如，某公司为进行咖啡杯颜色设计，挑选了50名消费者，并让每人各喝1杯相同浓度的咖啡，只是咖啡杯的颜色分别为黄色、红色、紫色和咖啡色，最后，该公司根据消费者对不同颜色杯子的选择，确定出最佳颜色的咖啡杯。

一、实验调研法的相关概念

（一）实验组

实验组是指接受实验的被研究对象。

（二）控制组

控制组即非实验对象，往往与实验组进行对比实验调查。

（三）实验环境

实验环境即实验对象所处的各种社会环境的总和。

二、实验调研法的优缺点

实验调研法的优点是能够揭示市场变量之间的因果关系，还能够获得客观、准确的调研信息。

实验调研法的缺点是花费时间长、成本高；实验过程不易控制；对调研人员要求较高。

三、实验调研法的类型

（一）实验组前后对比实验法

这是一种最简单的实验调研法。首先，选定实验单位，记录实验前正常情况下实验单位的测量值 y_1，然后进行实验观察，再记录实验后的测量值 y_2，从而了解实验变量的变动效果为 y_2-y_1。实验组前后对比实验法简便易行，但在使用时，调研人员必须注意排除因时间不同而可能发生的其他非实验变数的影响，否则得出的实验效果就是不准确的。

案例：洗衣机厂的前后对比实验调研

某洗衣机厂为扩大销售，准备改进洗衣机外观设计，但对新设计的外观效果没有太多把握，于是就用实验组前后对比实验法进行调研。该厂选定某商场为实验单位，测量出实验前（改变外观设计前）一个月的销量为 300 台，然后改售新外观洗衣机一个月，测量出其销量为 350 台。最终，得到实验变量的对比效果为：350-300=50（台），这表明改进外观设计使得洗衣机销量增加了 50 台，如果经分析无其他因素影响，该厂便可做出改用新型外观设计的决定。

（二）实验组和控制组对比实验法

实验组和控制组对比实验法是将实验组的实验结果和控制组的实验结果进行比较的一种实验调研法。具体做法为：选择与实验对象相同或相似的调研对象作为控制组，并使实验组与控制组处于相同的实验环境下，只对实验组给予实验活动，而对控制组不给予实验活动，最后对比两组的实验结果，从而得出实验对比的效果。可表示为：实验对比效果=实验组实验结果-控制组实验结果。这种实验调研法的优点在于实验组与控制组在同一时间内进行现场实验对比，而不是按时间顺序进行前后实验对比，排除了由于实验时间不同而可能出现的外来变数影响，提高了实验调研的准确性。在应用这一方法时，调研人员必须注意实验组和控制组之间要有可比性，即主、客观条件要基本相同或相似。

案例：专场店的实验组和控制组对比实验调查

某企业为了解店内广告对其产品销售是否有促销作用，决定采用实验组和控制组对比实验法来调研其效果。选定 A、B、C 商店作为实验组（店内做广告），D、E、F 作为控制组（店内不做广告），A 与 D 商店、B 与 E 商店、C 与 F 商店分别在规模、地理位置、营销水平等方面大体相当，实验时间为一个月。实验组和控制组对比实验效果如表 4-3 所示。

表 4-3 实验组和控制组对比实验效果

实验组		控制组	
商店	销量（箱）	商店	销量（箱）
A	2500	D	1400
B	2600	E	1200
C	2300	F	1700
平均	2467	平均	1433

实验对比效果为：2467-1433=1034（箱）。这表明店内做广告比店内不做广告增加了 1034 箱产品销量。

（资料来源：《营销调研策划》 编者有改动）

当然，实验组和控制组对比实验法也有缺点，该方法对实验组和控制组都是采取实验后检测，无法反映实验前后非实验变量对实验对象的影响。

（三）实验组和控制组事前事后对比实验法

该方法是分别记录实验组在实验前一定时间内的测量值 x_1 和在实验后相同时期内的测量值 x_2，再记录控制组在实验前后相同时期内的测量值 y_1 和 y_2，得出实验对比效果。在实验组的变动结果（x_2-x_1）中，包含实验变量和外来变数两个因素的结果；而在控制组的变动结果（y_2-y_1）中，只包含外来变数这一因素的结果，因为控制组实验前后唯一变动的因素只有时间。因此实验对比效果为：（x_2-x_1）-（y_2-y_1），这实际上是在排除外来变数的影响下，实验变量的对比效果。

> **案例：服装厂的实验组和控制组事前事后对比实验调研**

某企业打算在春节期间降低西服的价格，为此，采用实验组和控制组事前事后对比实验法来调研，企业把全国的专卖店分为实验组和控制组两组，通过记录得出实验组和控制组在春节前的一个月的西服销量均为 16 000 件，然后在春节期间一个月，实验组实行降价，而控制组不降价，并对实验后一个月的西服销量分别进行测量，实验组和控制组事前事后对比实验效果如表 4-4 所示。

表 4-4　实验组和控制组事前事后对比实验效果

组别	实验前销量（件）	实验后销量（件）	变动量（件）
实验组	16 000	21 000	5000
控制组	16 000	18 000	2000

实验对比效果为：（21 000-16 000）-（18 000-16 000）=3000（件）。这表明西服在春节期间降价，扩大了销量。

任务五　焦点小组访谈法

焦点小组访谈法是指调研人员采用小型座谈会的形式，选择一组具有同质性的消费者或客户作为小组成员，让其在一名主持人的引导下对某一主题或观念进行深入讨论，以了解人们心中的想法及原因。座谈会的主持人一般并不发表看法，只是不断地提出问题，请参会者进行讨论，参会者相互作用产生大量真实信息。焦点小组访谈法是设计正规调查前的一个有用的准备，特别适用于以下情形。

（1）了解消费者对某类产品的认识、偏好及行为；

（2）了解人们对某个广告创意的认识和评价；

（3）了解消费者对新产品概念的印象；

（4）获取消费者对具体营销活动的初步反应。

一、焦点小组访谈法的实施准备

（1）确定好主题。可以先根据主题确定若干问题，再拟定一个讨论大纲。

（2）选择主持人。在焦点小组访谈法中，主持人起着非常关键的作用。主持人应具备以下素质：第一，有良好的倾听技巧，使参会者充分发言；第二，有良好的谈吐和优雅热情的举止，能激发参会者的讨论热情；第三，有良好的控制技巧，能灵活防止讨论跑题和平滑地切换讨论主题；第四，对讨论的主题和行业情况比较了解，能围绕讨论主题提出相关话题；第五，有良好的沟通技巧，善于营造轻松的讨论氛围，引导参会者各抒己见，巧妙地处理不同意见。

（3）小组成员的选定。小组成员不能太多，也不能太少，一般以 8~12 人为宜。参会者应处于同一社会层次，且对话题感兴趣，最好不要把不同生活方式、不同消费水平和不同社会层次的参会者放在一起，以免造成沟通障碍，影响讨论效果。参会者可以通过随机抽样选取，也可通过判断抽样或偶遇抽样选取。

二、具体的实施过程

（1）烘托融洽的气氛。在座谈会开始前，可以准备一定的点心。座谈会一开始，主持人入座并做自我介绍，同时，把调研目标清楚地传达给座谈会的参会者，把规则解释清楚，然后请小组成员一一做自我介绍。

（2）促使小组成员展开热烈讨论。主持人要根据讨论提纲，始终围绕调研主题，当出现跑题时，要不动声色地重新提起调研主题；当出现冷场时，主持人要鼓励参会者畅所欲言，还可以穿插一些事先准备好的笑话，活跃访谈气氛；主持人要控制参会者的发言时间，如果某人发言时间太长，主持人可以礼貌地加以提示，以免影响他人发表意见。

此外，还要防止出现领导力量。

（3）做好访谈记录。在整个访谈过程中，参会者的发言都要被记录下来，可由专人记录，同时，辅之以录音、录像等方式。

（4）结束座谈会，发放礼品。在对有关问题讨论结束后，主持人应对参会者的建议进行总结，向参会者发放礼品，以表示感谢。

三、撰写访谈报告

（1）回顾座谈情况，及时整理、分析访谈记录。听录音，看录像，回顾访谈过程，审查座谈会上的信息是否可靠，观点是否具有代表性，并做好整理、分析。

（2）编写访谈报告。首先，通常要解释调研目的，申明所调研的主要问题，描述参会者的背景情况，并说明筛选参会者的过程；然后总结调研的发现；最后提出相应的建议。

四、焦点小组访谈法的优缺点

（一）焦点小组访谈法的优点

（1）资料收集速度快、效率高，同一时间访问多个被调查者，信息的收集和分析过程相对是比较快的；

（2）能取得更详细、更精确的信息资料。焦点小组访谈法能营造出自发探讨问题的氛围，一个人的评论会引发其他参会者的一连串反应，从而产生大量有创意、更详细、更精确的信息资料；

（3）能将调查和讨论相结合，即不仅能够通过座谈会发现问题，还能探讨问题产生的原因和解决问题的途径；

（4）结构灵活。焦点小组访谈在讨论的深度上和广度上都具有灵活性，可以根据现场具体情况而定。

（二）焦点小组访谈法的缺点

（1）小组成员的物色和组织比较困难，包括聘请主持人和选择参会者。

（2）小组访谈调研结果的质量依赖主持人的技术水平。主持人的个人风格可能对答案有引导，从而导致调研结果出现误差。

（3）问题回答较为凌乱，需要能力强的分析人员方能完成对信息的归纳总结。受讨论时间和个人隐私的限制，有时很难进行深入细致的交流。

（4）焦点小组访谈的结果对总体是没有代表性的，因为样本的规模太小。

课后思考练习题

（1）某品牌化妆品在本市市场上的销量一直很好。近年来，该公司改变了化妆品的包装，同时降低了价格，改进了促销手段，使化妆品在本市市场上更畅销了。哪种因素的变动对化妆品的销量影响更大？请设计一种调研方法帮助公司做出判断。

（2）某市在主题公园里新推出的两个游乐项目的设计已接近最后阶段了，主题公园有关部门想测试公众对这两个新游乐项目的反应如何，以及潜在消费热情有多高，那么采用哪种调研方法比较恰当呢？

（3）王双大学毕业后想在大学城周边开办一家水果店，他应该先进行怎样的营销调研？请以4～6人为一组进行讨论，至少帮他提供两种调研方法。

（4）某烘焙企业开展市场调研时，在商场和其他公共场所向消费者提供免费的烘焙产品，同时征询消费者的意见，以便对其烘焙产品的口味进行调整。在消费者做了初步品尝后，他们与调研对象坐在一起，亲切地询问"味道是否合适""烘焙得是否过火""口感是否松软""烘焙原料是否新鲜"等问题，内容相当详细。消费者在感谢的同时，并不知道成了他们的调研对象，因此，毫不保留地提供了真实的意见。请分析，该烘焙企业采用了哪种调研方法来获取信息？为什么？

课外调研实战项目详解

根据浙江省湖州市A高校眼镜市场调研项目的营销调研主题及具体组成部分，设计调研方法。

参考答案

（1）对于A高校眼镜年市场容量采取面谈访问法。

（2）对于A高校学生眼镜消费行为采取面谈访问法。

（3）对于宝岛眼镜店竞争对手的状况采取文案调研法、观察法和面谈访问法。

（4）对于顾客意见和建议采用面谈访问法。

项目五 设计市场调查问卷

知识目标

1. 了解调查问卷的类型和一般结构。
2. 掌握调查问卷设计的基本原则和程序。
3. 掌握调查问卷的设计技巧。

技能目标

1. 能够根据调研具体目标确定调查问卷的内容。
2. 能够根据调查问卷内容设计恰当的问题形式。
3. 能够对调查问卷的措辞、排序进行精心安排,并完成排版。

训练路径

1. 通过分析成熟的调查问卷,掌握调查问卷设计的技巧。
2. 根据浙江省湖州市A高校眼镜调研项目的调研内容,独立设计一份浙江省湖州市A高校眼镜消费者行为和眼镜店竞争对手的状况的调查问卷。

引导案例

××市消费者家纺购买行为调查问卷

您好！我们是×××家纺集团公司的市场调查员，为研究家纺消费状况，特进行调研，请您在合适选项前的"□"内打上"√"，谢谢！

Q1. 您最近3年内是否购买过家纺产品？

1□是（跳问Q3） 2□否（跳问Q2）

Q2. 您未来3年内是否有购买家纺产品的打算？

1□是（跳问15题） 2□否（终止访问）

Q3. 您购买的是哪些类型的家纺产品？（多选题）

1□成套床品 2□床单 3□被套 4□枕套
5□被芯 6□枕芯 7□其他（毛毯、毛巾等）

Q4. 您购买的是哪种家纺品牌？（多选题）

1□罗莱 2□富安娜 3□梦洁
4□博洋 5□多喜爱 6□欢莎
7□水星 8□紫罗兰 9□其他

Q5. 您购买家纺产品的目的是什么？（多选题）

1□更新自用 2□送礼 3□乔迁
4□装修 5□婚庆

Q6. 您会在什么时候购买家纺产品？

1□需要时 2□换季时 3□商家促销时 4□预先购买

Q7. 您通过哪些渠道了解家纺产品？（多选题）

1□报纸 2□杂志 3□电视 4□街头广告
5□互联网 6□朋友推荐 7□门店体验 8□销售人员介绍

Q8. 您从哪些地方购买家纺产品？（多选题）

1□专卖店 2□平价超市 3□百货商场
4□网上购物 5□家居大卖场 6□其他

Q9. 您购买家纺产品时最注重什么方面？

1□图案色彩 2□面料材质 3□舒适性 4□价格

5□便于打理　　　　6□品牌　　　　　7□工艺

Q10. 您在购买家纺产品时是怎样决策的?

1□遵循自己的喜好　　2□参考家人的建议　3□参考朋友的建议

Q11. 您的家庭每年购买家纺产品的支出是多少?

1□200元以下　　2□201~500元　　3□501~1000元　　4□1000元以上

Q12. 您喜欢什么样的促销方式?

1□优惠券　　　　2□打折　　　　　3□积分兑换

4□买赠　　　　　5□抽奖

Q13. 您的年龄是

1□25岁以下　　　2□26~35岁　　　3□36~45岁

4□46~55岁　　　5□56岁以上

Q14. 您的性别是

1□男　　　　　　　　　　　　　　2□女

Q15. 您的家庭月收入是

1□5000元以下　　2□5001~8000元

3□8001~10000元　4□10001~15000元　5□15000元以上

Q16. 您的职业是

1□企业职员　　　2□个体户　　　　3□工人　　　　4□高级管理人员

5□医生等专技人员　6□自由职业者　　7□公务员　　　8□退休人员

案例启示

这是一份比较规范的营销调研的访问式问卷,可以被当作调查问卷的范本,它适用于面谈访问法。此外,网络访问法、电话访问法、邮寄访问法都需要调查问卷。

一份科学规范的调查问卷应该包括哪些内容?调查问卷的结构是怎样的?面对众多想了解的信息,调研人员应该遵循什么原则设计调查问卷的内容?调查问卷的问题和答案应该如何设计?调查问卷的顺序应该如何排列?

任务一　调查问卷的种类和结构

市场调查问卷是调研人员收集市场信息最普遍的工具。调查问卷的设计是市场调研的一项基础工作，调查问卷设计的好坏直接决定着调研人员能否获得准确可靠的市场信息。调查问卷的设计是根据调查内容将所需调研的问题具体化。

一、调查问卷的含义

调查问卷是调研人员根据一定的调研目的和要求，按照一定理论假设设计出来，由一系列问题、答案及说明组成，向被调查者收集资料的一种工具。采用问卷进行调研，是国际通行的一种调研方式，也是我国近年来推行最快、应用最广的一种调研手段。

二、调查问卷的种类

（一）根据问卷的填写方式划分

根据问卷的填写方式，调查问卷可划分为自填式问卷和访问式问卷。自填式问卷是将调查问卷交给被调查者，由被调查者自己填写的问卷。报刊问卷、邮寄问卷、网上问卷、送发式问卷都属于自填式问卷。自填式问卷在制作上可以比较详尽。访问式问卷是由调研人员按照事先统一设计的、向被调查者当面提问的问卷，再由调研人员根据被调查者的口头回答来填写问卷。这种问卷主要适用于派员访问调研、焦点座谈会调研及电话访问调研。访问式问卷要求简便，最好采用单选题进行设计。

（二）按问卷发放方式划分

根据问卷发放方式的不同，调查问卷可分为送发式问卷、邮寄式问卷、报刊式问卷、人员访问式问卷、电话访问式问卷和网上访问式问卷。其中送发式问卷、邮寄式问卷、报刊式问卷、网上访问式问卷可以划归为自填式问卷，而人员访问式问卷、电话访问式问卷则属于代填式问卷。

（1）送发式问卷是先将调查问卷送发给选定的被调查者，待被调查者填写完毕之后，调研人员再统一收回。

（2）邮寄式问卷是通过邮局将事先设计好的问卷邮寄给选定的被调查者，并要求被调查者按规定的要求填写后寄给调研人员。邮寄式问卷匿名性好，但回收率低。

（3）报刊式问卷是随报刊传递发送问卷，要求报刊读者对问题如实回答，并寄给报刊编辑部。报刊式问卷匿名性好，节省费用，但回收率低。

（4）人员访问式问卷是由调研人员按照事先设计好的调查提纲或调查问卷询问被调

查者，然后根据被调查者的口头回答填写调查问卷。人员访问式问卷回收率高，便于设计一些复杂问题，但不便于设计敏感性问题。

（5）电话访问式问卷是通过电话中介对被调查者进行访问的问卷类型。电话访问式问卷要求简单明了，适用于问题简单，但需要及时得到结果的调研项目。

（6）网上访问式问卷是在互联网上制作，并通过互联网进行调研的问卷类型。此种问卷不受时空限制，便于获得大量信息。

三、调查问卷的结构

调查问卷一般由标题、说明信、调查内容和结束语组成。其中，调查内容是问卷的核心部分，也是必不可少的。

（一）标题

问卷的标题是对调研主题的高度概括，即调查问卷的总标题，例如，杭州市房地产需求状况调查。标题一般位于调查问卷的顶端居中位置。

（二）说明信

说明信是调研人员写的一封简短信，主要用于介绍调研目的、意义及填写说明等，一般放在问卷的开头。通过它，被调查者可以了解调研目的，消除顾虑，并按一定的要求填写问卷。下面是一份调查问卷的说明信。

杭州市眼镜需求状况调查问卷

女士/先生：您好！

我是××的市场调查员，为了全面了解杭州市眼镜需求的市场信息，更好地满足广大市民的需求，本公司特设计此份调查问卷，请您协助我们做好这次调查。该问卷不记名，回答无对错之分，请在符合您情况的项目旁"□"内打"√"。谢谢！

（三）调查内容

问题及其答案是调查内容的主要组成部分，问卷中有两种基本问题，即开放式问题、封闭式问题。

（1）开放式问题是指调研人员在提出问题时，并不给被调查者提供任何具体答案，而由被调查者根据客观实际情况自由填写。开放式问题可以使被调查者充分表达自己的意见，但需要被调查者具有较高的文字表达能力。

（2）封闭式问题是指调研人员在提出问题时，将问题的一切可能答案或几种主要答案全部列出，由被调查者从中选出一个或几个答案作为自己的回答。封闭式问题的具体形式分为单项选择问题、多项选择问题、排序式问题、量表式问题等。

开放式问题和封闭式问题各有特点，适用于对不同市场现象的调研。在一份调查问卷中，常常以一种形式的问题为主，另一种形式的问题为辅。两种形式的问题相结合，使设计出的问卷尽可能多、尽可能准确地收集到有用的信息。各类问卷问题的形式如表 5-1 所示。

表 5-1 各类问卷问题的形式

名称	具体形式	说明	例子
封闭式问题	单项选择问题	一个问题提供两个备选答案	请问您喝酒吗 □喝　□不喝
	多项选择问题	一个问题提供多个备选答案	您为什么购买绣品 □收藏　□送礼　□装饰　□纪念
	排序式问题	将问题按一定标准排序	按照选购服装的考虑顺序，以 1，2，3，4，5 为序填在下列 "□" 内 □价格　□款式　□面料　□颜色　□做工
	量表式问题	对问题属性进行分等	航空食品服务对我 □极重要　□很重要　□比较重要　□不重要　□很不重要
开放式问题		受访者自由地回答问题	您对企业的产品销售有什么意见

（四）结束语

结束语一般放在问卷的最后，一方面向被调查者表示感谢，另一方面还可征询被调查者对调查问卷设计的建议。

任务二　调查问卷设计过程

一、确定所需信息

确定所需信息是设计调查问卷的前提工作。调研人员在设计调查问卷之前要确认调研项目中哪些信息是要通过问卷调查获取的。一般各种访问调研法都需要问卷这个工具来收集信息，而观察法和实验调研法则需要各种记录工具来收集信息。因此，调研人员应先确认调研目标中哪些信息可通过访问调研法获取，然后思考这些信息应通过哪些类型的问题来传达。例如，调研项目是测量市场中各个供应商的份额，该信息可通过访问调研法获得，则问卷中必须包含这样的信息：受访者购买该产品的地点是哪儿？

二、确定调查问卷的类型

问卷的类型很多，如送发式问卷、邮寄式问卷、报刊式问卷、人员访问式问卷、电话访问式问卷、网上访问式问卷等。具体选择哪种问卷，必须综合考虑制约问卷类型选择的因素。制约问卷类型选择的因素很多，以下几类制约因素是调研人员必须考虑的。

（一）调研费用

调研费用是制约问卷类型的重要因素，比如本来打算采用人员访问式问卷对学校领导进行一次深度访谈，但由于费用高昂，调研人员不得不舍弃这种问卷调研方式，此时，一些效果欠佳而费用相对较少的问卷调研方式反而会成为调研人员的首选对象。

（二）时效性要求

如果对时效性要求高，就不能选择邮寄式问卷，而电话访问式问卷与网上访问式问卷就成为调研人员较为理想的选择。

（三）调研对象

被调查者身在何处、职位如何、可接触性如何等都是调研人员选择问卷类型时必须考虑的因素。如果被调查者容易接触，则采取人员访问式问卷比较合适；如果对一位距离调研人员遥远的被调查者进行调查，则选择邮寄式问卷或电话访问式问卷较合适。

（四）调查内容

某些特殊的调查内容需要特定的调研方式，当调查内容较多时，一般采用人员访问式问卷较合适，而采取电话访问式问卷进行调研的调研效果可能大打折扣。

三、确定问题的类型

不同的调研方法对问卷问题的设计要求不一样。如电话访问式问卷访问时间短，应以封闭式问题为主，而人员访问式问卷可以获取较深入的信息，因此可以采取封闭式问题和开放式问题相结合的方式。当同一种问卷类型涉及不同信息时，其问题的类型也不一样。对于较简单的事实和行为方面的信息，一般采取封闭式问题；对于较复杂信息或答案太多的信息，一般采取开放式问题。

在实际问卷设计时，是采用封闭式问题，还是采用开放式问题呢？在封闭式问题中，是采用单项选择问题、多项选择问题、排序式问题，还是量表式问题呢？这都需要调研人员根据具体情况来决定。

（一）开放式问题

当某个问题的答案太多或根本无法预料时，应采用开放式问题。例如"你为什么要选择海尔洗衣机"的答案至少可以罗列十几种，调研人员往往疲于列举，而设计成开放式问题则可以较好地解决这一问题。开放式问题的设计方法很多，概括起来，主要有以下几种。

1. 自由回答式

它要求被调查者根据问题用文字自由表达。例如：

您认为网络购物的主要优点是什么？

您认为公司的售后服务应该在哪些方面加以改进？

这类问题可以方便调研人员直接了解被调查者的态度和观点，让被调查者不拘泥于形式，自由发挥，全面收集大量的信息。但这种问题不能设计得太多，有些被调查者不愿对问题进行深入的文字描述，宁愿接受封闭式问题。

2. 词语联想式

列出一些词汇，让被调查者看到后马上说出或写出最先联想到的词。例如"当你听到下列文字时，你脑海中涌现的一个词是什么？"

手机：_____

苏绣：_____

同仁堂：_____

词语联想式是一种极大限度地开发被调查者潜藏信息的资料收集方式，这种方式主要通过对反映词及反馈时间的分析来了解被调查者对刺激词的印象、态度和需求状况。

3. 语句完成法

提出一些不完整的语句，每次一个，由被调查者完成。例如：

当我选购优衣库衬衫时，最重要的考虑因素是_____

4. 角色扮演法

这种方式不让被调查者直接说出自己对某种产品的动机和态度，而让他通过观察别人对这种产品的动机和态度来间接暴露自己的真实动机和态度。例如：

下面是两张购货单，请指出其对应的家庭主妇类型。

购买新鲜咖啡的家庭主妇是_____

购买速溶咖啡的家庭主妇是_____

被调查者在形容购买新鲜咖啡和速溶咖啡的家庭主妇的特点时，会不知不觉地将自己的看法表达出来。

（二）封闭式问题

封闭式问题是指给定备选答案，要求被调查者从中选择一个或几个现成答案的提问方式。封闭式问题适用于询问较简单的事实和行为方面的问题。封闭式问题的具体形式分为单项选择问题、多项选择问题、排序式问题、量表式问题、比较式问题等。下面分别介绍这几类问题的适用情形。

1. 单项选择问题

单项选择问题（单选题）也称"是非题"，一般只设两个选项，如"是"与"否"、"有"与"没有"等，单选题适用于只有两个备选答案的问题。例如：

（1）您家里有没有吸尘器？

1□有　　　　　　　　2□没有

（2）您是否吃过榴梿？

1□吃过　　　　　　　　2□没吃过

单选题的特点是简单明了，适用于甄别被调查者的情形。

2. 多项选择问题

多项选择问题（多选题）是从三个或三个以上的备选答案中选择一个或几个，这是各种调查问卷中采用最多的一种问题类型。例如：

（1）您在报考大学专业时，最看重哪种因素？

1□就业前景　　　　　2□个人兴趣　　　　　3□学习难度

（2）在过去的一年中，您用过哪些护肤品？（可多选）

1□洁面型　　　　　　2□增白型　　　　　　3□嫩肤型

4□祛斑型　　　　　　5□防晒型　　　　　　6□去皱型

多项选择问题的优点是便于被调查者回答，便于调研人员编码和统计，适用于获取多种事实性信息。在使用时要注意穷尽可能的选项。

3. 排序式问题

排序式问题是在多项选择问题的基础上，要求被调查者对询问的问题答案，按自己认为的重要程度和喜欢程度排序。例如：

（1）请您按主次排序选择眼镜时考虑的因素，将序号填在下列"□"内。

质量□　　　　　　款式□　　　　　　价格□

品牌□　　　　　　舒适性□　　　　　　颜色□

（2）请您按喜欢程度对以下牙膏品牌进行编号，最喜欢者为1，次喜欢者为2，其他依次类推。

佳洁士□　　　　　　高露洁□　　　　　　黑妹□

冷酸灵□　　　　　　两面针□　　　　　　云南白药□

调研人员进行统计时，先将 1，2，3，4，5 分别赋值为 100 分、80 分、60 分、40 分、20 分，然后将每个选项所得分数进行平均，通过对平均分高低的比较，即可权衡各选项在被调查者心中的分量。

4. 量表式问题

量表式问题常用于测量被调查者对某种事物的态度,一般采取 5 级量表的形式评价被调查者客观存在的态度。例如:

您喜不喜欢喝啤酒?

-2	-1	0	1	2
很不喜欢	不太喜欢	一般	比较喜欢	很喜欢

态度评比量表将消费者的态度分为多个层次进行测量,其目的在于尽可能多地了解和分析被调查群体存在的态度。在设计量表的层级时,要注意两个极端之间应该分别设计一个中性层次,中性层次左右两端的层次最好相等,如果不等,就会暴露设计者的倾向,导致测量结果出现误差。例如:

航空食品服务对您:

-1	0	1	2
不重要	一般	比较重要	很重要

这个量表式问题表明了设计者自身的倾向,"重要"的态度多于"不重要"的态度,导致被调查者受设计者诱导,选择"很重要"或"比较重要",甚至选择"很"的可能更多,从而导致调研结果出现误差。

5. 比较式问题

比较式问题是将若干可比较的事物整理成两两对比的形式,由被调查者进行比较后做出选择,这类问题在竞争分析中应用较多。例如:

请比较下列每组中不同牌子的洗衣粉,哪一种清洁效果更好?(每组中只选一个,并打"√")

(1)奥妙□ 汰渍□

(2)奥妙□ 雕牌□

(3)雕牌□ 汰渍□

四、确定问题的措辞

问题的措辞在问卷设计中相当重要，措辞不当，被调查者可能拒绝或错误地回答问题，从而造成调研结果出现误差，影响调研效果。问题的措辞一般应遵循以下原则。

（一）措辞要准确，避免模糊信息

例如，"您居住的地方离上班地点只有 10 分钟的路程吗？"这个问题的回答与交通工具有关，但表述得不准确，居住地离上班地点是步行 10 分钟的路程，还是乘车 10 分钟的路程？这两者之间的差别很大，类似这样的措辞有时会让被调查者不知如何做出回答。

（二）多用通俗易懂的词汇，避免使用专业术语

例如，"请您谈谈电子商务的优势所在。"这个问题会让一部分被调查者不知该如何回答，因为他们可能不懂电子商务的准确含义。

（三）避免使用引导性语句

如果问题的措辞并不是中性的，则有可能向被调查者提示答案或暗示调研人员自己的观点。例如，"现在警匪片很流行，您也喜欢看吗？"这个问题容易引导被调查者做出肯定的回答。正确的问法应该是"您喜欢看什么类型的影片？"

1□科幻片　　　2□警匪片　　　3□文艺片　　　4□其他

（四）不应将两个问题合并为一个问题

例如，"您认为这个品牌的吸尘器性能和样式如何？"这个句子中包含两个问题，如果被调查者对这两个问题的看法一致，则不存在问题；如果被调查者对这两个问题有不一样的看法，就会影响答案的真实性。应将这个问题分成"您认为这个品牌的吸尘器性能如何？"和"您认为这个品牌的吸尘器的样式如何？"两个问题。

（五）避免使用断定性语句

断定性语句是指前提已经被断定的语句。例如，"您喜欢喝什么酒？"问这个问题的前提是"您是喝酒的"，但这个断定性语句的使用，可能使不喝酒的人无法回答。因此，

在提问前，调研人员应先设计一个过滤性问题。例如：

（1）您喝酒吗？

1□喝　　　　　2□偶尔喝　　　　　3□不喝

（如果您选择"喝"或"偶尔喝"，请接着回答下一题，否则请跳到第×题）

（2）您通常喝什么牌子的酒？_____

（六）避免使用反义疑问句

受习惯思维的影响，人们往往不太习惯否定形式的提问。同样，受习惯思维的影响，被调查者往往会因否定句做出错误的选择。例如：

您不赞成商店实行"会员卡"制度，是吗？

这是一个否定式问句，受习惯思维影响，可能一部分人会回答"是"，尽管他们的本意是赞成商店实行"会员卡"制度。造成这种结果的原因是受了反义疑问句中陈述部分信息的暗示。如果将这句话改成"您是否赞成商店实行'会员卡'制度？"，被调查者就更容易理解问题，调研获得的信息也更准确。

五、确定问题的顺序

问卷中的问题应遵循一定的排列顺序。良好的排列顺序会激发被调查者的兴趣，进而提高其合作的积极性；而杂乱无章的排序，则会影响被调查者的顺利作答和资料的准确性。一份好的问卷应该对问题的排列顺序做出精心的设计。问卷中的问题排序要注意以下几点。

（一）按照先易后难的排列顺序

一般问卷的开头应安排比较容易的问题，这样可以给被调查者一种轻松、愉快的感觉，以便他们继续作答。如果一开始就安排难作答的问题，就会影响他们继续作答的积极性。先易后难的排列具体有以下几点。

（1）容易、直观的问题置前，困难、复杂的问题置后；

（2）事实类、行为类方面的问题宜置前，观念类、情感类的问题宜置后；

（3）先问一般性问题，后问特殊性问题，或者先问能引起被调查者兴趣的问题，再问容易引起他们紧张、顾虑的问题；

（4）开放式问题要尽量安排在问卷的后面。

（二）相同性质或同类问题尽量集中排列

将问卷中相同性质或同类问题集中排列，可以避免被调查者的思维在不同性质的问题之间频繁跳跃，从而预防被调查者出现疲劳和厌烦情绪，提高问卷的回收率和作答质量。

（三）基本信息置前，而分类信息置后

基本信息是调研目标中的最主要的信息，应安排在问卷的前面。而分类信息是指将被调查者按年龄、职业、收入等予以分组归类的信息，应安排在问卷的后面。

（四）总括性问题应先于特定性问题

总括性问题是对某个事物总体特征的提问，例如，"在选购房地产项目的时候，哪些因素会影响您的选择？"。特定性问题是对事物某个要素或某个方面的提问。例如，"物业管理在您选购房地产项目时处于什么样的重要程度？"。总括性问题应置于特定性问题之前，若特定性问题置前则会影响总括性问题的回答。

综合起来，问卷中问题的排列要具有严密的逻辑性，符合被调查者的心理习惯和认知规律。有关问卷中问题的逻辑性顺序如表 5-2 所示。

表 5-2　问卷中问题的逻辑性顺序

位置	类型	例子	理论基础
过滤性问题	限制性问题	您拥有一辆汽车吗	为了辨别目标回答者，对汽车拥有者的调研
最初的几个问题	适应性问题	您拥有何种品牌的汽车？您已经使用几年了	易于回答，向回答者表明调研很简单
前 1/3 的问题	过渡性问题	您最喜欢汽车的哪些特征	与调研目的有关，回答者需稍费些力作答
中间 1/3 的问题	难于回答及复杂的问题	以下是汽车的 10 个特点，请用以下量表分别评价您的汽车的特征	应答者已保证完成问卷并发现只剩下几个问题
最后部分	分类和个人情况	您的年收入处于什么水平	有些问题可能被认为是个人隐私问题，应答者可能拒绝作答，但它们在末尾

六、问卷的排版与布局

问卷的排版和布局总的要求是整齐、美观，便于被调查者阅读、作答，也便于调研人员统计。具体要求如下。

（1）卷面排版不能过紧、过密，字间距、行间距要适当。问卷的行间距要设计好，行间距过小容易造成被调查者阅读吃力，影响其继续作答的兴趣；

（2）字体大小要适中，字号要有所变化。一般问卷标题一定要醒目，可以采用黑体，字号可以选择"一号"。问题和答案可以选择小四号字或五号字，字体用宋体或仿宋体，但问题和答案一定要有区别，应该突出问题。另外，问卷的说明信、结束语和正文之间在字体上也要有区别。通常的做法是说明信、结束语字体采用楷体，正文字体采用宋体或仿宋体；

（3）对于开放式问题，一定要留足空间以供被调查者填写。对于封闭式问题，给出的每一个答案前都应有明显的标记，答案与答案之间要有足够的距离；

（4）同一问题应排版在同一页，避免翻页对照的麻烦和出现漏题的情况；

（5）如果使用多页问卷，则应按顺序编好页码，以方便被调查者回答，也便于调研人员统计整理。

七、问卷的测试和定稿

问卷的初稿设计工作完毕后，调研人员还要进行问卷测试。首先，请专业人员对问卷进行审核。审核的内容如下。

（1）确认问卷内容是否完整，结构是否合理；

（2）确认问卷的问题的数量是否多余，有无遗漏；

（3）确认问题的形式是否合适，措辞是否合理，逻辑是否严谨，词句是否准确等。

问卷审核后，调研人员依据专业人员的审核意见进行修改。然后，调研人员还要请潜在的被调查者（试答者）进行预先答题，询问试答者能否理解问题及答案，问卷的外观和内容是否有利于试答者回答，回答问卷的时间是否过长等，并征求试答者的建议。若测试效果不理想，则需要修改，进行第二次测试，直至满意。当问卷的测试工作完成后，确定无须修改后可以考虑定稿。问卷定稿后就可以交付打印，正式投入使用。

课后思考练习题

（1）某房地产公司想了解人们的购房意愿和可接受价格，为了保证获取的信息准确、真实，该公司计划采取派员访谈的调研方法，请设计一份人员访问式问卷。

（2）某银行计划采取电话访问法对客户进行满意度调查，请设计一份银行顾客满意度调查问卷。

（3）某电商企业计划采取网络访问法对大学生网络购物情况进行调研，请设计一份大学生网络购物现状的调查问卷。

课外调研实战项目详解

设计浙江省湖州市A高校眼镜消费者购买行为和竞争状况调查问卷

您好！我们是商贸与经管学院营销专业的学生，为研究A高校眼镜市场的需求状况，特进行调研访问，希望占用您一点时间。请您在合适选项前的"□"内打上"√"。谢谢！

Q1a.您是否配戴眼镜？

1□是（选1，问Q2）　　　　　　2□否（选2，问1b）

Q1b.您现在不佩戴眼镜，近一年内准备购买眼镜吗？

1□购买（选1，问Q1c）　　　　　2□不购买（选2，终止访问）

Q1c.您近一年内准备购买什么类型的眼镜？

1□近视眼镜　　　　　　　　　　2□防辐射眼镜

3□远视眼镜　　　　　　　　　　4□太阳眼镜

5□隐形眼镜（□日抛　□双周抛　□月抛　□季抛　□半年抛　□年抛）

Q1d.您近一年内准备购买多少副眼镜？

_____

（请跳问18题）

Q2.您佩戴什么类型的框架眼镜？

1□近视眼镜　　　　　　　　　　2□防辐射眼镜

3□远视眼镜　　　　　　　　　　4□太阳眼镜

Q3.您佩戴的框架眼镜是什么材质的？（请选择相应的镜架和镜片）

镜架：1□金属架　　　2□塑料架　　　3□金属塑料混合架

镜片：1□玻璃镜片　　　2□树脂镜片　　　3□PC 镜片

Q4.您现在佩戴的框架眼镜是何时购买的？

1□2022 年　　　2□2021 年　　　3□2020 年

4□2019 年　　　5□2019 年以前

Q5.您更换框架眼镜的频率是

1□半年换一次　　　2□一年换一次　　　3□两年换一次

4□三年换一次　　　5□三年以上换一次

Q6.您现在佩戴什么类型的隐形眼镜？

1□日抛　　　2□双周抛　　　3□月抛

4□季抛　　　5□半年抛　　　6□年抛

Q7.您现在佩戴的隐形眼镜是什么品牌的？

1□视康　　　2□博士伦　　　3□卫康　　　4□库博

5□强生　　　6□海昌　　　7□其他_____

Q8.您一年大概更换多少只隐形眼镜？

_____

Q9.您购买眼镜的目的是（可多选）

1□矫正视力　　　2□提高视力　　　3□塑造形象

4□护眼保健　　　5□其他_____

Q10.您什么时候购买眼镜？（可多选）

1□节假日　　　2□开学初

3□眼镜店促销时　　　4□需要购买眼镜时

Q11.您从哪儿获取眼镜的销售信息？（可多选）

1□熟人介绍　　　2□促销传单　　　3□店面广告

4□媒体广告　　　5□网络等新媒体　　　6□其他（请注明）_____

Q12.下列是购买眼镜时的考虑因素，请您按照重要程度进行排序（最重要选项写1，次重要选项写2，其他依次类推）

□品牌　　　□质量　　　□价格

□款式　　　□服务　　　□舒适度

Q13.您在哪儿购买眼镜？（选1，不问Q15）

1□宝岛眼镜店　　　2□学士眼镜店　　　3□吴良材眼镜店

4□浙北大厦眼镜店　　5□新华书店眼镜店　6□精益眼镜店

7□保视康眼镜店　　　8□家乡的眼镜店　　9□其他场所（请注明）_____

Q14.您在该眼镜店购买眼镜的主要原因是

1□品牌知名度高　　　2□眼镜质量好　　　3□价格实惠

4□眼镜款式新　　　　5□服务好

6□其他（请注明）_____

Q15.您为什么不在宝岛眼镜店购买眼镜？

_____

_____

Q16.您购买的各类眼镜中，价格各是多少？

近视眼镜价格：　1□300元以下　　　　2□300～500元

　　　　　　　　3□501～700元　　　　4□700元以上

远视眼镜价格：　1□300元以下　　　　2□300～500元

　　　　　　　　3□501～700元　　　　4□700元以上

太阳眼镜价格：　1□300元以下　　　　2□300～500元

　　　　　　　　3□501～700元　　　　4□700元以上

防辐射眼镜价格：1□300元以下　　　　2□300～500元

　　　　　　　　3□501～700元　　　　4□700元以上

隐形眼镜价格：　1□300元以下　　　　2□300～500元

　　　　　　　　3□501～700元　　　　4□700元以上

Q17.请您根据眼镜店的评价指标，把宝岛眼镜店与其他眼镜店进行比较，并指出哪一个眼镜店的指标更好，分别在选中的眼镜店旁边的"□"内打"√"（见表5-3）

表5-3　宝岛眼镜店与其他眼镜店比较

品牌名气	产品质量	产品款式
□宝岛　□学士	□宝岛　□学士	□宝岛　□学士
□宝岛　□吴良材	□宝岛　□吴良材	□宝岛　□吴良材
□宝岛　□浙北大厦	□宝岛　□浙北大厦	□宝岛　□浙北大厦
□宝岛　□新华书店	□宝岛　□新华书店	□宝岛　□新华书店
□宝岛　□精益	□宝岛　□精益	□宝岛　□精益
□宝岛　□保视康	□宝岛　□保视康	□宝岛　□保视康
□宝岛　□家乡	□宝岛　□家乡	□宝岛　□家乡

续表

价格实惠		服务质量		硬件设施	
□宝岛	□学士	□宝岛	□学士	□宝岛	□学士
□宝岛	□吴良材	□宝岛	□吴良材	□宝岛	□吴良材
□宝岛	□浙北大厦	□宝岛	□浙北大厦	□宝岛	□浙北大厦
□宝岛	□新华书店	□宝岛	□新华书店	□宝岛	□新华书店
□宝岛	□精益	□宝岛	□精益	□宝岛	□精益
□宝岛	□保视康	□宝岛	□保视康	□宝岛	□保视康
□宝岛	□家乡	□宝岛	□家乡	□宝岛	□家乡

Q18.您对宝岛眼镜店吸引学生购买眼镜有何建议？

_____

_____

Q19.您的性别是

1□男性　　　　　　2□女性

Q20.您属于哪个年级的学生？

1□大一　　　　　2□大二　　　　　3□大三

Q21.您的月开支是

1□1500元以下　　　2□1500～2000元

3□2001～2500元　　4□2500元以上

问卷点评

由项目二的课外调研实战项目详解可知，调研内容包括四类信息：（1）A高校眼镜年市场容量；（2）A高校学生眼镜消费行为；（3）A高校宝岛眼镜店的竞争对手情况；（4）A高校学生对宝岛眼镜店的意见及建议。根据问卷中Q1a、Q1b、Q1c、Q1d、Q4、Q5、Q8这7个问题的答案，可统计出A高校各类眼镜现有市场容量。问卷中Q2、Q3、Q4、Q5、Q6、Q7、Q8、Q9、Q10、Q11、Q12、Q13这12个问题能反映出A高校学生眼镜消费行为。通过Q17可以获取A高校学生对宝岛眼镜店及其竞争对手大致的评价。当然，要获取更加全面、细致的竞争对手的信息，还要进行实地调研。通过Q18可获取A高校学生对宝岛眼镜店的意见及建议。通过Q19、Q20、Q21可以获取A高校学生的人口统计特征信息。可见问卷的问题覆盖了绝大部分的调研内容。

Q1d的答案较多，而Q15、Q18的答案较为复杂，故需将这三个问题设计成开放式问题。其余问题由于答案简单或有限，故设计成封闭式问题，封闭式问题中以多项选择问题为主，也有少量的单项选择问题（如Q1a、Q1b）和排序式问题（如Q17）。

问卷的措辞准确，通俗易懂，没有引导性语句。问卷独具匠心地设计了两个过滤性问题，分别是 Q1a、Q1b。被调查者中，选 Q1a 中"是"的为现有眼镜消费者，选 Q1a 中"否"的为潜在眼镜消费者或非眼镜消费者，选 Q1b 中"购买"的为潜在眼镜消费者，选 Q1b 中"不购买"的为非眼镜消费者。两个过滤性问题将 A 高校学生市场分为存量市场、增量市场及无需求市场。

  关于市场容量、消费者行为等基本信息的问题都安排在问卷的前面，而被调查者的所在年级、性别、收入等分类信息则安排在问卷的后面。问卷中简单的单项选择问题和多项选择问题被安排在问卷前面，而较为复杂的开放式问题和排序式问题都安排在问卷的后面。关于眼镜消费行为的问题集中排列在问卷中，给被调查者一种逻辑上的合理感。

项目六 设计抽样方案

知识目标

1. 理解抽样调查的特点及有关概念。
2. 掌握简单随机抽样、等距抽样、分层抽样、整群抽样的特点。
3. 掌握方便抽样、判断抽样、雪球抽样、配额抽样等抽样技术。

技能目标

1. 能够准确地把握随机抽样和非随机抽样的应用场合。
2. 能够运用简单随机抽样、等距抽样等技术抽取样本。
3. 能够确定样本容量。

训练路径

1. 通过大量的抽样案例介绍和分析,理解各种抽样技术。
2. 通过学习具体调研项目,自主设计抽样方案。

引导案例

湖州市新市民住房问题调查的抽样设计

一、调查总体

在湖州市城镇居住6个月以上的16~60周岁常住人口中，外市户籍（含外市城镇户籍和外市农村户籍）和本市农村户籍的为新市民。

二、抽样方法

本项调查采用二阶段随机抽样方法，第一阶段采用分层PPS（Probability Proportion to Size）抽样方法，第二阶段采用等距抽样方法。

1. 第一阶段样本量及抽样方法

调研以某市某区各乡镇外来人口暂住证发放登记名单（公安部门提供）为抽样框，采用分层PPS抽样方法抽取企业和个体户。

2. 第二阶段样本量及抽样方法

在抽中的企业中，采用等距抽样方法抽取480人；在抽中的个体户中，采用等距抽样方法抽取120人。共抽取600个样本。

单个被调查企业的新市民人数超50人以上的，由调研人员在调研现场抽取10~12人；人数在50人以下的，由调研人员在调研现场抽取6人。单个被调查个体户由调研人员在调研现场抽取1~3人，直至满足调研样本数。抽取样本时，性别、学历、岗位需按比例合理分配。每一层样本均采用等距抽样方法抽取。

上述各层所抽中的被调研人员中，如果有因故不能接受调研的，则按照往后顺延1人的方法进行样本替换。如果调研中某个企业的被调研对象人数确因特殊原因不能满足要求，可以在相似的备选企业（以从业人员人数相似为准）中抽取相同身份的调研对象，以满足各种调研对象规定的总数。

（资料来源：湖州市住房公积金管理中心）

案例启示

这是一个比较综合、复杂的抽样方法的应用实例。该调研机构先采取分层PPS抽样方法将各乡镇外来人口分为企业外来人口和个体外来人口，并采取随机号码表法确定两类样本的抽样人数（480人、120人），然后采用分层比例抽样法，确定不同规模的企业、个体户中抽取的样本数，再按新市民的性别、学历、岗位的比例进一步确定各类样本的数量，最后，采取等距抽样方法在限定的抽样框内抽出样本。整个抽样调查过程中采用的抽样方法包括随机号码表法、分层比例抽样法、等距抽样法等。那么，抽样调查中的总体如何界定？抽样框如何识别？如何确定样本容量？各种抽样方法如何操作？在什么情形下适用？采用抽样的方法是否存在误差？怎样衡量误差大小？

任务一 抽样调查概述

一、抽样调查的含义及特点

（一）抽样调查的含义

抽样调查是按照一定原则和程序，从调查总体中抽取一部分个体作为样本进行调查，并以样本特征来推断总体特征的一种调查方式。它是市场调研中应用最多的一种调查方式。市场监督管理部门从市场上抽取一部分食品进行检验，以此判断市场上的食品质量；教育部门通过抽取部分学校的学生进行视力检测，以了解学生的整体近视率；政府统计部门通过部分家庭的收入水平来估计整个区域家庭的收入水平等。这些都属于抽样调查。

（二）抽样调查的特点

1. 质量可控，可信度高

抽样调查一般采取随机原则抽取样本，排除了主观因素的干扰，获取的信息资料具有较高的可靠性和准确性。同时，由于调查样本的数量较少，可以最大限度地减少工作误差，从而提高调查的质量。

2. 一种经济性好的调查方法

抽样调查仅对总体中少数样本单位进行调查，节省了人力、财力、物力，此外，抽样调查把调研对象的数量降到最少，收集、整理、分析等工作也相应减少许多，因而大大节省了调研时间，保证了抽样调查的时效性。

二、抽样调查的相关概念

（一）总体

总体是指调研对象的全体，它是根据一定的研究目的而规定的具有某种共同性质的全体单位所组成的集合。例如，我们要研究杭州市家庭拥有和使用吸尘器的情况，那么调查总体就是杭州市所有家庭。又如，我们要研究杭州市医院 B 超机的使用情况，那么调查总体就是杭州市所有医院。

（二）样本

样本是能代表整体的总体的子集，是从总体中抽取出来的部分单位所组成的集合体。例如，某市在 10 万名产业工人总体中抽取 1000 人进行调查，这 1000 名产业工人就是样本。

（三）样本单位

样本单位是从总体中随机抽选出来进行调查的最基本单位。样本单位是构成样本的基础。样本单位可以是个人，也可以是组织。比如，在一项对手机消费者的调研中，样本单位便是个人；而在对医院使用 CT 机的情况进行调研时，样本单位就是医院。

（四）抽样框

抽样框是指用以代表总体，并从中抽选样本的一个框架，表现为名单、名册、编号表等。例如，从某中学的全体学生中抽取 50 名学生作为调查样本，那这所中学的全体学生名单就是抽样框；而从这所中学的所有班级中抽取部分班级的全体学生作为调查样本，那抽样框就是全校所有班级的名单。

> **案例：抽样框误差**
>
> 抽样框的不完整会导致抽样框误差的产生。在抽样框误差导致调研失败的案例中，比较著名的是 1936 年美国总统选举预测。当时是以电话号簿和汽车登记簿为抽样框的，如果放到现在，这样的抽样调查经过修正以后，其结果不会出现很大的误差。
>
> 调研失败的关键是当时的美国正处于经济萧条时期，很多人既没有私人汽车，也没有家庭电话，从而使样本缺乏代表性。尽管样本量达到了 200 万人，得出的结论是阿尔

夫·兰登将胜过富兰克林·罗斯福，但其与后来的事实大相径庭。

（资料来源：《营销调研策划》 编者有改动）

（五）抽样误差

抽样调查是从总体中抽取样本，并以样本的估计值来对总体的某个特征进行估计。但样本不是总体，虽然具有代表性，但必然会存在一定的误差，这种误差纯粹是由抽样引起的，故称为抽样误差。抽样误差是不可避免的，但可以通过科学的抽样方法，降低误差或控制误差。

（六）重复抽样和不重复抽样

重复抽样是指每次从总体中随机抽取一个样本单位，经调查后，将该样本单位重新放回总体中，然后在总体中随机抽取下一个样本单位进行调查，依次重复这样的步骤，直到从总体中随机抽够 n 个样本单位为止。

不重复抽样是指每次从总体中随机抽取一个样本单位，经调查后，不再将该样本单位放回总体中参加下一次抽样，而在剩下的总体中随机抽取下一个样本单位进行调查，依次重复这样的步骤，直到从总体中随机抽够 n 个样本单位为止。

三、抽样调查的程序

（一）界定调研总体

确定调研总体就是为调查总体界定一个明确的范围，将调研对象与非调研对象区分开来。例如，某调研机构将"用友"软件的调研总体界定为"在过去的 12 个月内购买了'用友'软件的所有企业和事业单位"。该调研总体的时间和对象边界被界定得十分明确。如果调研总体界定不明确，轻则误导调研，重则使调研无效。

案例：调研总体界定不明确，抽样调查失败

1936 年，美国进行总统大选的民意测验。总统选举投票前，《文摘》杂志先寄出 1000 万张询问投票倾向的明信片，然后依据收回的 200 万份调研结果，极其自信地预测共和党候选人兰登会以领先 15% 的得票率战胜民主党候选人罗斯福当选总统。然而，选举结果使预测者们大失所望，获胜者不是兰登，而是罗斯福，并且其得票率反超兰登 20%！《文摘》杂志的声誉一败涂地，不久就因此关了门。

为什么《文摘》杂志的预测失败了呢？除了抽样方法及邮寄方式的影响，《文摘》杂志对抽取样本的总体缺乏清楚的认识和明确的界定也是极为重要的原因。因为《文摘》杂志当时编制抽样范围所依据的并不是美国全体已登记的选民名单，而是电话号簿和汽车登记簿。这样一来，那些没有家庭电话和私人汽车的选民就被排除在其抽样的总体之外了。而在当时，由于1933年美国经济受大萧条的影响，大量人口滑落到底层，因而很多底层人群未被抽到。结果，这些未被抽到进行民意测验的较穷的选民压倒多数地投了罗斯福的票，使《文摘》杂志的预测失败。

（资料来源：《营销调研策划》 编者有改动）

上述案例告诉我们，要实现有效抽样，必须事先了解总体的结构和各方面的情况，并依据研究的目的准确地界定总体的范围。如果总体界定不准确，那么调研结果就难以提供准确的信息。

（二）制定抽样框

制定抽样框就是收集总体中全部样本单位的名单，并对名单进行编号，建立可用的抽样框。在随机抽样中，抽样框的确定非常重要。它直接影响到样本的代表性，也关系到抽样的质量。调研人员在制定抽样框时，首先要考虑是否有现成的资料可以作为抽样框，以节约费用；如果没有，则考虑在有限的费用内制定一个抽样框。例如，调研总体是某大学在读的全日制学生，那么搜集在读的全日制学生的名册，进行统一编号，就制成了抽样框。又如某航空公司拟对乘客进行抽样调查，调研人员手里没有乘客名单，他们可先从航空公司众多航线中抽选若干航线，再从这些航线中抽取某几趟航班，对航班内乘客进行调查。该航空公司的航线表和所有航班飞机编号即为抽样框。

（三）确定样本容量

样本容量是指一次调查所需的被调查者的数量。在统计学中，样本容量小于或等于30个单位的样本叫小样本，大于30个单位的样本叫大样本。市场调查中面临的总体及总体的异质性较大，一般要抽取大样本，样本规模在30~5000个单位。在具体确定样本单位数时可按公式法和经验法进行。

1. **公式法确定样本容量**

利用公式法确定样本容量，是根据抽样调查中的置信水平、总体标准差、误差范围

等计算样本容量。这里以单纯随机抽样为基本形式来说明样本单位数的计算。其公式为

$$n = \left(\frac{t\sigma}{\Delta x}\right)^2$$

式中　n——样本单位数；

　　　σ——总体标准差；

　　　Δx——抽样平均数的误差范围；

　　　t——与置信度对应的函数值。

从公式可看出，样本单位数与总体标准差和置信度呈正方向变化，即总体标准差越大，置信度要求越高，则样本单位数越大；样本单位数与抽样平均数的误差范围要求呈反方向变化，即抽样平均数误差范围要求越小，则样本单位数越大。

例如，某地区居民户数为 10 000 户，其年消费水平标准差为 200 元。若采取抽样调查了解其年平均消费水平，并要求以 95% 的置信度推断总体，其样本指标与总体指标允许的误差范围是 15 元，即置信区间为 15 元，则样本单位数按公式计算为

$$n = \left(\frac{t\sigma}{\Delta x}\right)^2 = \left(\frac{1.96 \times 200}{15}\right)^2 \approx 683（户）$$

其他抽样方式也有计算样本单位数的公式，应用时可参阅统计学有关理论。

2. 经验法确定样本容量

为了简便，市场调研常用经验法来确定容量。经验法确定样本容量是根据多次成功抽样调查总结出的经验，得出不同规模总体样本单位数占总体的比重经验数，以供抽样调查抽取样本时参考。不同规模总体样本单位数占总体的比重如表 6-1 所示。

表 6-1　经验法确定样本容量的范围

总体规模	100 以下	100～1000	1001～5000	5001～10000	10001～100000	100000 以上
样本单位数占总体的比重	50%以上	50%～20%	30%～10%	15%～3%	5%～1%	1%以下

经验法确定样本容量，一般多用于非随机抽样，而在随机抽样中，应用公式计算样本单位数更为科学，当然把经验作为参考也是可以的。

（四）选择抽样方法

抽样方法有很多种，大体可分为随机抽样和非随机抽样两类，而每一类又包含多种

方法，每种都具有各自的优缺点和适用范围。调研人员应根据调查目的、调查总体的具体情况及调研成本选择一种或几种抽样方法，以保证抽到的样本具有较高的代表性。

（五）抽取样本

当抽取一个样本，并向他人提问题时，你会发现不是每个人都愿意回答。那么，可以进行替换。实践中有三种替换方法：顺移替换、超量抽样和重新抽样。

1. 顺移替换

顺移替换常用于系统抽样。例如，访问者把一本顾客名单当作样本框架，对每隔50人的被访者提问。在第一次发问时，那个具有资格者拒绝接受调查。如果使用顺移替换法，则选择紧随拒答者之后的那个人。不要跳过50人，而是顺移到拒绝者之后的那个人。如果那个人也拒绝回答，再顺移到下面一个人，就这样一直顺移，直到找到一个愿意参加调查的回答者为止。然后继续50人的跳跃区间，把第一个拒答者的名字作为跳跃点。

2. 超量抽样

超量抽样是由于部分被调查者无反应而增加抽样样本。例如，电话访问式问卷的反应率通常在50%左右，那么为了获取100个受访者的最终样本，调研人员就应将200个潜在受访者作为电话抽样样本。

3. 重新抽样

重新抽样是在抽取初始样本后利用抽样框抽取更多样本的程序。由于样本反应率低于期望值，因此需要抽取更多有希望的受访者。当然，必须制定规则：初始样本中出现的预期回答者不应包括在重新抽样的样本中。

（六）样本评估

样本评估是指对样本的质量、代表性、偏差等进行检验和衡量，以防止由于样本偏差过大而导致调查出现失误。评估样本可采取样本与总体进行对比的方式，如将反映总体中某些重要特征及其分布的资料与样本中的同类指标的资料进行对比，若两者之间的差距很小，则可认为样本的质量、代表性较高；反之，若两者之间的差别十分明显，那么，样本的质量和代表性就一定不会高。

案例：大学生样本的评估

要从一所有 10 000 名学生的大学中抽取 100 名学生作为样本。同时，我们从学校有关部门得到统计资料：全校男生占学生总数 70%，女生占 30%；本省学生占 60%，外省学生占 40%。那么，我们可以对抽出的 100 名学生进行这两方面分布情况的统计。假定样本统计的结果为：男生占 69%，女生占 31%；本省占 61%，外省学生占 39%。通过对比，不难发现两者之间的差距很小，在一定程度上说明样本的质量和代表性比较高。从这样的样本中得到的结果就能较好地反映和体现总体的情况。

（七）必要时重新抽样

当样本有效性检验失败时，意味着它不能代表总体。进行样本替代时也可能产生这个问题。当出现这种情况时，一方面，调研人员可以在表中使用加权组合，并分析无代表性的原因，以便补偿；另一方面，调研人员可以执行重新抽样，选择更多的受访者加入样本，直至达到一个令人满意的有效性水平。

任务二　抽样调查技术

按照抽选样本的方法，抽样调查技术可分为随机抽样和非随机抽样。两种技术的内容既有区别又有联系，是实现市场抽样调查不可缺少的组成部分。

一、随机抽样

随机抽样是遵循随机原则（指母体的全部单位都有一定的机会被抽中）的抽样。若每个单位被抽入样本的机会相同，则称为等概率抽样；若每个单位被抽入样本的机会不同，则称为不等概率抽样。随机抽样按组织方式可分为简单随机抽样、等距抽样、分层抽样、整群抽样等。

（一）简单随机抽样

简单随机抽样是指总体中所有调研对象被选入样本的概率相等的抽样方法。在实施简单随机抽样时，首先要将总体 N 个单位从 1 到 N 进行编号，每个单位对应一个编号；

然后从编号中抽选样本，直到抽够 N 个单位为止。简单随机抽样通常有以下 3 种方法。

1. 蒙眼抽样法

蒙眼抽样是按名字或编号选取样本的，蒙眼抽样法适用于总体数量不大的情况。例如想从 50 名学生中抽取 10 名学生进行调查。在进行蒙眼抽样前，先准备 50 张卡片，并分别在卡片上写上这 50 名学生的名字或编号，然后将卡片放在容器里，剧烈地摇动容器，使所有卡片充分混合，再将实施抽样的人的眼睛蒙住，让他从容器里抽取 10 张卡片，被抽中的卡片上的名字或编号所代表的学生就是样本。

2. 抽签法

当总体数量较大时，可以采取抽签法。抽签法是利用骰子的转动来抽取样本的抽样方法。骰子不是普通的正六面体，必须是正二十面体，0～9 共 10 个数字随机分布在 20 个面上，每个数字出现 2 次。具体步骤为：首先，将调查母体排队编号，如有 n 个子体，则将其编成从 1 到 n 的正整数号码，即 1，2，3，…，$n-1$，n，然后，利用骰子转动指明样本。假如某小学有 950 人，想从中选出 20 人作为调查样本。因为总体为三位数，所以要连续转动骰子三次：第一次出现的数字作为百位数；第二次出现的数字作为十位数；第三次出现的数字作为个位数，得到一个三位数。依此办法，可获得 20 个三位数。最后，将选出的数字与编号一一对号入座，即可得出调查的样本。

3. 随机号码表法

随机号码表法也适用于总体数量较大的情况。随机号码表是由 0～9 的 10 个数字组成的表，这 10 个数字的排列完全是随机的，无论是向左、向右，还是向上、向下，我们都不能发现任何规则、有序的数列（见表 6-2）。也就是这个表内的任何号码的出现都有相同的可能性。利用随机号码表可以大大简化抽样的烦琐程序。下面我们通过一个例子来说明随机号码表法的操作步骤。假如调研人员想从某城市某街道管辖的 10 000 户居民中抽取 100 户居民进行电器产品消费调查。首先，将总体单位按 1～10 000 编号，最大编号为 10 000，是 5 位数，然后从表 6-2 中任意抽选 5 列，从任意方向数去，假定从第 1 行向下去数，选出 1～10 000 之间的不同数（遇到大于 10 000 的整数均跳过），假定随机从 2～6 列选出 5499，9510；从 3～7 列选出 5885，8624；从 4～8 列中选出 8083；从 6～10 列中选出 8391，597，406；从 7～11 列中选出 4462，5978，4069；从 9～13 列中选出 7268，6201，6963；从 10～14 列中选出 175，7196；从 11～15 列中选出 1390，1758；

从 12～16 列中选出 1174；从 13～17 列中选出 5188。依次类推，直到抽够 100 个号码为止，被抽中的 100 个号码所代表的居民就组成了调查样本。

表 6-2　随机号码表片段

	112345678910	212345678910	312345678910	412345678910	512345678910
1	6119690446	2645747774	5192433729	6539459593	4258260527
2	1547445266	9527079953	5936783848	8239610118	3321159466
3	9455728573	6789754387	5462244431	9119042592	9292745973
4	4248116213	9734408721	1686848767	0307112059	2570146670
5	2352378317	7320889837	6893591416	2625229663	0552282562
6	0449352494	7524633824	4586251025	6196279335	6533712472
7	0054997654	6405188159	9611963896	5469282391	2328729529
8	3596315307	2689809354	3335135462	7797450024	9010339333
9	5980808391	4542726842	8360949700	1302124892	7856520106
10	4605885236	0139092286	7728144077	9391083647	7061742941
11	3217900597	8737925241	0556707007	8674317157	8539411838
12	6923461406	2011745204	1595660000	1874392423	9711896388
13	1956541430	0175875379	4041921585	6667436806	8496285207
14	4514414938	1947607246	4366794543	5904790033	2082669541
15	9486431994	3616810851	3488881553	0154035456	0501451176
16	9808624826	4524028404	4499908896	3909473407	3544131880
17	3318516232	4194150949	8943548581	8869541904	3754873043
18	8095100406	9638270774	2015123387	2501625298	9462461171
19	7975249140	7196128296	6986102591	7485220539	0038759579
20	1863332537	9814506571	3101024674	0545561427	7793891936

简单随机抽样是随机抽样最基本的方法，它完全符合随机原则，且简单易行。该方法的不足之处在于在总体数量很大的情况下，编号工作量繁重；当总体单位内部差异性较大时，必须使样本容量足够大才能保证样本推断总体的可靠性和准确性。

（二）等距抽样

等距抽样又称系统抽样。它是先将总体各单位按某一标志进行排列，编上序号；然后用总体单位数（N）除以样本单位数（n），求得抽样距离（K），并在第一个抽样间隔内随机抽取一个单位作为样本；最后按计算的抽样距离做等距抽样，直到抽够样本为止。例如，某超市对 500 位老顾客进行调查，要采取等距抽样抽取 50 个样本。首先，可将 500 位老顾客按姓氏笔画顺序编上 001～500，然后算出抽样距离为 $K=N/n=500/50=10$，并在 001～010 中通过简单随机抽样的方法抽取样本，假如样本号为 009，则每隔 10 个顾客抽取 1 名顾客，即 019，029，039……直到抽够 50 人为止。

等距抽样相比简单随机抽样操作更为简便，工作量更小；等距抽样能使样本在总体中分布得比较均匀，抽样误差更小；在无法制定抽样框的情况下，等距抽样也可实施，例如，对旅游景点的游客进行调查，如果无法事先确定游客的总体，则可以采取每隔一定游客数量抽取一个单位来选择样本。在应用等距抽样时，如果抽样距离与被调查者本身的节奏性或循环周期重合时，则会影响调查的准确度。例如，航空公司对乘客旅行进行等距抽样时，抽样的时间间隔不能用"7"这种具有周期性的数，因为都选周一旅行的乘客与都选周日旅行的乘客是有所不同的。因此，在总体内部同质性高且各单位的排列不具有周期性时，采用等距抽样效率较高。

（三）分层抽样

分层抽样首先要根据调研目的选择分层变量，将总体分为若干层。分层后，同一层内部的单位是同质的，不同层之间的单位要尽可能是异质的。然后确定各层的样本量，最后，采用简单随机抽样或等距抽样从各层中抽取所需的样本数量。分层抽样适用于总体规模大、内部差异性大的情况。例如，城镇居民收入现状、城镇居民汽车消费等调查就适合采取分层抽样。在样本数量相同的情况下，分层抽样的误差要小于简单随机抽样和等距抽样，因此分层抽样在实际工作中应用广泛。

1. 等比例分层抽样

等比例分层抽样要求在每一层中所抽取的样本数在样本总数所占比例与这一层的单位数在总体中所占的比例相一致。等比例分层抽样的样本数计算公式如下。

$$S_i = V_i / V \times S$$

式中　S_i——第 i 层应抽取的样本数；

　　　V——母体总基本单位总数；

　　　V_i——第 i 层基本单位总数；

　　　S——预定抽取样本数。

案例：汽车消费调查中的分层抽样

某部门要调查某城市居民的汽车消费情况。由于汽车消费与家庭收入有关，且城市居民总体之间差异较大，因此适合采用等比例分层抽样。假定该城市有 100 万户家庭，计划抽取 1000 户家庭。已知城市高收入家庭 15 万户，中等收入家庭 65 万户，低收入家庭 20 万户，采用等比例分层抽样，该如何抽取？

第一步，确定各层的样本量。高收入家庭所占比例为 15/100=15%；中等收入家庭所占比为 65/100=65%；低收入家庭所占比为 20/100=20%。则高收入家庭抽取的样本数为 1000×15%=150 户；中等收入家庭抽取的样本数为 1000×65%=650 户，低收入家庭抽取的样本数为 1000×20%=200 户。

第二步，在各层中采取等距抽样方法抽取样本。

2. 不等比例分层抽样

如果分层后层内个体单位间差异仍然较大，就需要加大这些层的抽样比例，即使用不等比例分层抽样。不等比例分层抽样指各层子样本在总体中所占比例与各层在总体中所占比例不同。一般情况下，标准差大的层，抽样单位数要多些；标准差小的层，抽样单位数要少些。

（四）整群抽样

整群抽样是先将总体按照一定标准划分成群，然后采用随机的方法抽取若干个群，并以这些群里包含的所有单位作为样本的抽样方法。整群抽样适用于总体可分割为群且各群之间大体相同，而群内部构成比较复杂的抽样。同时，整群抽样也适用于总体较大，又难以找到标志进行有效分类，难以制定抽样框的调查。如民政部门要调查几十万户城市家庭的家电消费情况，将几十万户家庭排列出名单，并作为抽样框，这显然是难以做到的。而采用整群随机抽样，以城市的居委会为群，抽取若干居委会作为样本，对其所管辖的居民户全部进行调查，这显然比以户为单位抽取样本方便得多，同时由于各居委会的居民构成无本质差异，而一个居委会内部的居民在家电消费上有明显差异，所以采用整群抽样抽取的样本对总体的代表性不会降低。

整群抽样的关键是分群，分群后总体各群之间尽可能无差异，而同一群内部的各单位尽可能是异质的。整群抽样的优点是样本单位比较集中，有利于组织抽样和实施调查。整群抽样的缺点是在群大小不等时，抽中的样本单位数量难以控制；样本集中在某些群内时，可能导致样本代表性不高。在样本数量相同的情况下，整群抽样误差要大于简单随机抽样、等距抽样和分层抽样。

二、非随机抽样

非随机抽样是指不遵循随机原则，而是从方便出发或根据主观意愿来抽取样本。在非随机抽样中，总体中每一个单位被抽中的概率无法计算，无法用样本的定量来推断总体。非随机抽样简单易行，适合在不方便采用随机抽样的情况下使用，或者用于大规模调查前的探测性调查。非随机抽样包括方便抽样、判断抽样、雪球抽样、配额抽样。

（一）方便抽样

方便抽样是指调研人员根据现实情况，以自己方便的形式抽取偶然遇到的人作为调研对象。比如把在街头拦截的行人作为调研对象，任选若干位进行访问调查；在商店柜台前把购物人员当作调研对象，向他们中的任意部分人做市场调查；在剧院、车站、码头等公共场所，任选某些人进行调查。如果在方便抽样中，调研人员所选中的人不情愿被调查，也可将自愿被调查的人作为样本。可见，方便抽样完全是根据调研人员的方便任意选取样本的。方便抽样的优点是花费小，容易接近调研对象；缺点是调研人员对调研对象缺乏了解，遇到的样本具有偶然性，另外，方便抽样无法保证总体中的每一个成员都具有同等机会被抽中，那些最先碰到的、最容易见到的、最方便找到的对象比其他对象更有机会被调查者抽中，样本代表性差，调研结果不一定可靠。方便抽样一般只用于非正式调研前的预调研，同时适用于探索性调研，即通过调查发现问题，产生初步想法。

（二）判断抽样

判断抽样是基于调研人员对总体的了解和经验，从总体中选择具有代表性的样本的一种抽样方法。例如，调研人员想知道一份关于房地产的调查问卷设计得是否得当，向一些他认为对房地产有一定了解的专业人士进行调查，以确定此调查问卷的合理性。

判断抽样的优点在于简便易行，符合调查目的和特殊需要，可以充分发挥调研人员的主观能动作用。当调研人员对调研总体情况比较熟悉，调研经验丰富，判断能力较强时，采用判断抽样往往十分方便。但由于样本的选择是主观的，其所得样本的代表性往往难以判断。在实际调查中，判断抽样多用于对调研项目的精确度要求不高、总体规模小、调查涉及的范围较窄，或者调查时间、人力等条件有限而难以进行大规模抽样的情况。

（三）雪球抽样

雪球抽样是先选出起始受访者，再通过起始受访者所提供的信息去发展其他同类受访者，如此进行下去，就像滚雪球一样，直到发展到所需的样本单位数为止。雪球抽样适用于总体难以寻找且受访者可以提供其他合格受访者信息的情况。例如，要研究游泳爱好者的生活，可以先到游泳馆去结识几位游泳爱好者，再通过他们结识其他游泳爱好者，依次类推，直到获得所需的样本数为止。

雪球抽样的优点是便于有针对性地找到受访者，其局限性是各样本单位之间必须有一定的联系，否则将会影响调查的进行，而且雪球抽样的样本的代表性也存在偏差。

（四）配额抽样

配额抽样是指先根据总体的某种属性或特征将总体分成若干种类，然后给各类子样本分配定额，以取得一个与总体特征大体相似的样本，再采取方便抽样或判断抽样方法从各子样本中选取样本。配额抽样适用于总体内部差异性明显且抽样框难以获取的情况。按照配额的要求不同，配额抽样分为独立控制配额抽样和交叉控制配额抽样。

1. 独立控制配额抽样

独立控制配额抽样是根据总体的不同特征，对具有某个特性的样本分别规定单独分配数额。例如，某地区进行房地产需求调查，确定样本量为200，选择收入水平、家庭人口数两个标准分类，统计数据表明该地区高收入居民户、中等收入居民户、低收入居民户占总体的比例分别为20%、60%、20%，高收入居民户中3人以下、3人及以上占总体的比例分别为40%、60%，中等收入居民户中3人以下、3人及以上占总体的比例分别为50%、50%，低收入居民户中3人以下、3人及以上占总体的比例分别为60%、40%，可以采用独立控制配额抽样，其各个标准样本配额数分别如表6-3、表6-4所示。独立控制配额抽样的优点是简便易行，缺点是调研人员可能图一时方便，选择样本过于偏向某一组别，如过多地抽选中等收入中3人以下的居民户，从而影响样本的代表性。

表6-3 按收入水平配额抽样分配

收入水平	人数
高收入	40
中等收入	120
低收入	40
合计	200

表 6-4　按家庭人口数配额抽样分配

家庭人口数	人数
3 人以下	100
3 人及以上	100
合计	200

2. 交叉控制配额抽样

交叉控制配额抽样是对调研对象的各个特性的样本数额交叉分配。在上例中，如果采用交叉控制配额抽样，就必须对收入水平、家庭人口数同时规定样本分配数，如表 6-5 所示。

表 6-5　交叉控制配额抽样分配

收入水平	家庭人口数 3 人以下	家庭人口数 3 人及以上	合计
高收入	16	24	40
中等收入	60	60	120
低收入	24	16	40
合计	100	100	200

从表 6-5 中可以看出，交叉控制配额抽样对每一个控制特性所需分配的样本数都做了具体规定，调研人员必须按规定在总体中抽样调查单位，使得样本结构与总体结构一致，提高样本的代表性。

任务三　抽样中的误差及应对

抽样中的误差分为抽样误差和非抽样误差。抽样误差只在随机抽样中存在，而非抽样误差无论在随机抽样和非随机抽样中都存在。

一、抽样误差

抽样误差是指抽样调查中样本指标与总体指标之间的差异。抽样误差不可避免，主要受样本容量、总体变异程度、抽样方法等因素影响。在其他条件不变的情况下，样本容量越大，抽样误差越小；样本容量越小，抽样误差越大。在其他条件不变的情况下，总体被研究的标志变异程度越大，抽样误差也越大。一般情况下，不重复抽样的抽样误差要小于重复抽样的抽样误差，按照等距抽样和分层抽样组织抽样调查，由于经过了排队和分类，可以缩小标志变异程度，因而抽取相同数目的调查单位，其抽样误差会比简单随机抽样方式的抽样误差小。

抽样误差不可避免，但调查人员可以计算出来。我们以简单随机抽样为例，介绍抽样误差的计算。

（一）平均数抽样误差的计算公式

在重复抽样条件下，平均数抽样误差的计算公式为

$$\mu_x = \frac{\sigma}{\sqrt{n}}$$

式中　μ_x——抽样平均数的平均误差；

　　　σ——总体标准差；

　　　n——样本单位数。

在不重复抽样的条件下，平均数抽样误差的计算公式为

$$\mu_{\bar{x}} = \sqrt{\frac{\sigma^2}{n}\left(1 - \frac{n}{N}\right)}$$

需要说明的是，在平均数抽样误差计算公式中，要求具有总体标准差，但在抽样调查中只具有样本标准差。抽样调查的理论证明，在大样本（$n \geq 30$）情况下，可以用样本标准差代替总体标准差。下面通过一个例子来说明平均数抽样误差的计算。

例如，从某学院 2020 级的 2000 名学生中，按简单随机抽样方法抽取 40 名学生，对专业课的考试成绩进行检查，通过资料整理、分析计算得到的结果表明，其平均成绩为 78.75 分，标准差为 12.13 分，试根据重复抽样和不重复抽样的方法分别计算平均数抽样误差。

解：按重复抽样计算平均数抽样误差：

$$\mu_x = \frac{\sigma}{\sqrt{n}} = \frac{12.13}{\sqrt{40}} \approx 1.92（分）$$

按不重复抽样计算平均数抽样误差：

$$\mu_{\bar{x}} = \sqrt{\frac{\sigma^2}{n}\left(1 - \frac{n}{N}\right)} = \sqrt{\frac{12.13^2}{40}\left(1 - \frac{40}{2000}\right)} \approx 1.90（分）$$

（二）成数抽样误差的计算公式

在重复抽样条件下，成数抽样误差的计算公式为

$$\mu_p = \sqrt{\frac{P(1-P)}{n}}$$

式中　μ_p——抽样成数的抽样平均误差；

　　　P——总体成数（百分比）；

　　　n——样本单位数。

在不重复抽样条件下，成数抽样误差的计算公式为

$$\mu_p = \sqrt{\frac{P(1-P)}{n}\left(1-\frac{n}{N}\right)}$$

式子中，P 为总体成数，是不知道的；而 $P(1-P)$ 是总体方差，也是不知道的。一般用样本的成数 P 和样本方差 $P(1-P)$ 分别来代替。

例如，从 40 000 件产品中，随机抽取 200 件进行检验，结果有 10 件不合格，求合格率的成数抽样误差。

解：
$$P=(200-10)/200=95\%$$

$$\sigma^2 = P(1-P) = 95\% \times (1-95\%) = 4.75\%$$

按重复抽样计算成数抽样误差：

$$\mu_p = \sqrt{\frac{P(1-P)}{n}} = \sqrt{\frac{0.0475}{200}} \approx 1.54\%$$

按不重复抽样计算成数抽样误差：

$$\mu_p = \sqrt{\frac{P(1-P)}{n}\left(1-\frac{n}{N}\right)} = \sqrt{\frac{0.0475}{200}\left(1-\frac{200}{40000}\right)} \approx 1.53\%$$

二、非抽样误差

非抽样误差是指除抽样误差以外，由其他各种因素引起的误差。非抽样误差与抽样的随机性无关，可以存在于各类型的调研方式中。其产生原因主要有以下几种。

（一）研究人员误差

研究人员误差是由于研究人员设计的抽样方案存在缺陷而引起的误差。例如，问卷

设计存在问题导致信息的搜集出现偏差；研究人员设计的抽样框与调研总体不一致造成误差；研究人员的抽样方法不合理造成误差；研究人员在数据处理、编码和录入中产生错误造成误差等。

（二）调研人员误差

这种误差是调研人员造成的。例如，调研人员缺乏相应技巧而在调研过程中误导被调查者；调研人员错误理解被调查者给出的答案或记录了错误信息；调研人员为了获取报酬而伪造答案等。

（三）被调查者误差

这种误差是被调查者在接受调研中没能提供准确、真实的信息而产生的误差。例如，被调查者可能对调研问题的理解有偏差；被调查者对调研问题不感兴趣而拒答；被调查者不愿意提供真实情况而给出了虚假答案等。

三、抽样误差的应对

（一）正确地确定抽样方法，使样本能够真正代表母体

抽选样本的方法很多，归纳起来可分为概率抽样和非概率抽样两大类。不同的抽样方法适用于不同的调查情形。从抽样方法本身来看，调研人员应该力求使母体中任何一分子都有被抽选出来作为样本的机会，它们的"机会"应该是均等的。只有做到机会均等，才有利于使样本能够大致代表母体。另外，在不影响工作效果的前提下，调研人员应尽可能使抽样方法简便易行。

（二）恰当地确定样本的数目

对于调研对象母体而言，各子体之间差异幅度是有所不同的。在母体中，各子体之间特征差别较大者，称为母体幅度大；反之，调查各子体之间特征差别较小者，称为母体幅度小。如果市场母体幅度小，则可以确定较少的样本数目。因为母体中有关问题的特征差别小，较少的样本也可以反映母体的情况；反之，母体幅度大，则需要确定较多的样本数目，因为母体中有关问题的特征差别大，较少的样本难以反映母体的情况。

四、非抽样误差的控制

对非抽样误差的控制应该从抽样方案的设计开始，尽量制定完善的问卷和抽样计划。数据收集是调研过程中最易出错的环节。因此，应该加强对调研人员的选聘、培训、管理和评估工作，力求将误差的消极影响降至最低。在数据处理阶段，应尽量杜绝数据编码和录入错误造成的数据处理误差。对非抽样误差的控制贯穿于整个调查过程中，这要求调研组织者精心设计、精心实施调研，并加强管理，提高调研各环节工作质量，尽量减少非抽样误差。

课后思考练习题

（1）张亮是2021届专科毕业生，他想在大学城开一家特色餐饮店。为了了解人们对餐饮店的要求，张亮要进行可行性调研。在设计好调查问卷后，他计划抽取500个样本进行抽样调查，且样本要满足以下要求：一是学生占总样本的70%，非学生占总样本的30%；二是男、女各占总样本的50%；三是18岁以下的样本占总样本的10%，18～25岁的样本占总样本的60%，25岁以上的样本占总样本的30%。请你帮助张亮设计抽样方法，使样本具有较好的代表性。

（2）某市购物中心化妆品部经理计划在周末对某著名品牌化妆品进行促销活动。在此之前，该部门已在该市两家电视台做了广告，宣传其促销活动。经理想调研顾客是在多大程度上受广告吸引而到商场来的，以及男女顾客之间、不同年龄段的顾客之间受广告吸引有没有显著差别。请你设计一种对进入商场的顾客进行取样的抽样方法。

（3）从5000件商品中随机抽取50件检验，结果发现有5件不合格，请分别按重复抽样与不重复抽样计算产品合格率平均数抽样误差。

课外调研实战项目详解

设计浙江省湖州市A高校眼镜市场调研项目的抽样方案

抽样方案一

一、界定总体

此次调查是研究浙江省湖州市A高校现有眼镜消费者和潜在眼镜消费者的眼镜需求

和消费行为，调查总体为已佩戴眼镜或未来一年内将购买眼镜的A高校全体全日制学生。

二、确定样本量

A高校全日制学生总数为1万多人，那么，A高校现有眼镜消费者和潜在消费者的总数一定小于1万人，根据经验法确定样本容量的规则，总体规模在1万人以内时，其抽样比率为3%~15%，由于大学生同质性强，我们确定抽样比率为3%，总体人数定为1万人，则样本容量为300人。考虑到部分被调查者拒答的情形，我们将样本容量扩大到350人。

三、确定抽样框

A高校1万多名全日制学生都住在学校10幢宿舍楼内，分别标记为1号楼、2号楼……10号楼，每幢宿舍楼内又有很多房间。调研组确定10幢宿舍楼都要抽取样本，因此抽样框为10幢宿舍楼内所有的房间。

四、抽样方法

采取等比例分层抽样，具体如下。

第一步，确定每幢宿舍楼的样本数。例如1号楼的总人数为1000人，则住在1号楼的学生占全校总数的比例为1000/10 000=10%，从1号楼抽取的样本数为350×10%=35人。其他各幢宿舍楼应抽取的样本数依此类推。

第二步，对10幢宿舍楼采取等距抽样依次抽取样本。假设1号楼有200个房间，共5层。先将200个房间从1层到5层按顺序标记为001~200，算出抽样距离为200/35≈6，然后在001~006中通过抽签法抽取样本，假如为002，则每隔6个房间抽取一个房间，即008，014，020……直至抽够35个房间，最后，采用抽签法从这35个房间里分别抽取一个床铺号，抽中的每个床铺号对应一名学生。其他各幢宿舍的房间抽样及学生抽样依此类推。

五、样本评估

对于A高校眼镜市场调研项目而言，总体内部的差异性主要表现在性别和年级上。A高校各年级男女生都住在10幢宿舍里，调研人员采取等比例分层抽样，对每幢宿舍的样本数按比例获取，确保了各年级的男女生都有均等的机会被抽取，防止了样本的不均衡性，进一步提高了样本的代表性。

六、抽样实施步骤

（1）确定调查区域及调研人员。10幢宿舍为调查区域，调研人员共20人，每2人一组，分别负责调查1幢楼的样本。

（2）预先抽出样本。每组调研人员征得宿舍管理人员的同意后，进入各自负责抽样的宿舍，将所有房间编号，先采取等距抽样抽出样本房间，再采用抽签法抽出样本房间的床铺号。

（3）接触样本。选择学生比较空闲且在寝室的时间，调研人员带上调研证、介绍信、调查问卷及小礼品前往宿舍，直接访问被预先抽中的学生。

抽样方案二

一、界定总体（同抽样方案一）

二、确定样本量（同抽样方案一）

三、确定抽样框

A高校总共有商贸学院、公共管理学院、艺术设计学院、机电学院、建筑学院、信息工程学院6个学院，包括30个专业，且每个专业都有3个年级。调研组确定要从30个专业的大一男女生、大二男女生、大三男女生中抽取样本，因此抽样框为30个专业的大一男女生名单、大二男女生名单、大三男女生名单。

四、抽样方法

采取等比例分层抽样，具体如下。

第一步，确定每个专业大一、大二、大三的男女生样本数。例如，商贸学院市场营销专业大一男生、大一女生、大二男生、大二女生、大三男生、大三女生的学生数分别是35，45，33，42，30，40，通过计算得知，市场营销专业大一男生、大一女生、大二男生、大二女生、大三男生、大三女生占全校总数的比例分别是0.35%，0.45%，0.33%，0.42%，0.30%，0.40%，则从市场营销专业大一男生、大一女生、大二男生、大二女生、大三男生、大三女生中抽取的样本人数分别是350×0.35%≈1人，350×0.45%≈2人，350×0.33%≈1人，350×0.42%≈2人，350×0.30%≈1人，350×0.40%≈1人。其他各专业大一男生、大一女生、大二男生、大二女生、大三男生、大三女生的样本数依次类推。

第二步，对各专业大一男生、大一女生、大二男生、大二女生、大三男生、大三女生采取随机号码表法依次抽取样本。例如，市场营销专业大一男生有 35 人，大一女生有 45 人，先分别将他们标记为 01～35、01～45，然后用随机号码表抽取男生 1 人、女生 2 人，市场营销专业大二男生、大二女生、大三男生、大三女生的样本也照此方法抽取。其余各专业的大一男生、大一女生、大二男生、大二女生、大三男生、大三女生的样本都照此方法抽取，这里不再赘述。

五、样本评估

对于 A 高校眼镜调研项目而言，总体内部的差异性主要表现在性别和年级上。该抽样对各专业、各年级的男女生按比例获取样本，确保了各专业、各年级的男女生都有均等机会被抽中。样本结构完全符合学校内部各专业、各年级男女生比例，样本代表性很好。

六、抽样实施步骤

（1）确定人员及抽样分工。调研人员共 60 人，每 2 人一组，共 30 组，每组负责一个专业的各年级男女生的样本抽样。

（2）预先抽出样本。通过各学院教学办的帮助，获得各专业、各年级的男女生名单，将各专业、各年级男女生名单编号，采取随机号码表法抽出各专业、各年级男女生样本。

（3）接触样本。与抽中的各年级、各专业的男女生约好时间、地点，调研人员带上调研证、介绍信、调查问卷及小礼品，直接访问被预先抽中的学生。

项目七

实施调研和获取信息

知识目标

1. 了解调研人员选聘步骤。
2. 理解调研人员培训的内容及原则。
3. 熟悉对调研人员进行管理和评估的方法。

技能目标

1. 能够组建调研团队。
2. 能够熟悉调研人员培训的内容和程序。
3. 能实施调研并收集信息。

训练路径

1. 模拟调研公司招聘现场，挑选调研人员，组建调研团队。
2. 组织调研专家或调研教师对学生进行现场培训。
3. 小组学生进行角色扮演，模拟访问流程，教师或专家点评访谈技巧。

引导案例

调研公司的访问员招聘和级别划分

某市场调研公司在招聘访问员时，主要实行两次招聘制度。每半年进行一次访问员招聘活动，招聘的访问员经面试、筛选与签署兼职访问员协议，接受调研公司安排的 12 个课时的基本培训后，调研公司为其建档成为备选访问员（A 级访问员），这被称为第一次招聘。在调研公司操作项目时，调研公司根据项目的要求选取适当级别的访问员并与其签署有关项目操作的协议，这就是第二次招聘。

对于访问员的级别，调研公司将其划分为 A、B、C、D、E 5 个等级。A 级访问员只能从事非常简单的甄别拦访工作——寻找适合的被访者并将其带到指定地点，或者在督导的陪同下进行问卷的随机街访工作。他们的工作都会被记录并有相关的督导给出评价，在参与了两三个项目之后，表现优秀者在接受 4 个课时的专项培训（如中心地点访问技巧等）后可升入 B 级访问员。B 级访问在薪酬评定和所从事的工作方面与 A 级访问员相比都有较大提升。同样，B 级访问员工作一定的时间后，在所参与的若干项目中表现优秀的人员会依照相应的程序升入下一级。当达到 E 级时，该等级的访问员就会成为调研公司的重点培养对象。该调研公司有几位专职督导就是这样从兼职访问员一步一步培养起来的。

（资料来源：《营销调研策划》 编者有改动）

案例启示

这是一个调研公司培养访问员的案例，该案例中的访问员也属于调研人员。市场调研公司在实施营销调研时，必须组建由若干人组成的营销调研团队。如果没有一支由拥有调研知识和能力的人员组成的调研团队，再周密、严谨的方案也难以得到正确的贯彻实施，调研工作质量更是难以保证。那么，调研人员应该由哪些人组成？调研人员的素质要求有哪些？调研人员的培训包括哪些内容？调研人员如何开展调研工作？如何对调研工作进行控制以保证调研工作的质量？

任务一 访问员的选择和培训

调查问卷和抽样方案设计完成后，接下来就要组织调研人员进行实地调查了。为了保证访问质量，调研人员必须进行岗前培训和调研过程管理。通过本项目的学习，学员要初步树立爱岗敬业和注重仪表的职业态度，熟悉访问流程和注意事项，具备较好的沟通能力，掌握各种访问技巧，并能有效指导被访者填写问卷。下面以访问员为例进行讲解。

一、访问员的选择

访问员的素质往往直接影响营销调研的结果，所以要选择合适的访问员，并对其进行必要的培训。根据营销调研的特点，选择访问员时应考虑以下几个条件。

（一）具备较高的职业道德修养

首先，访问员要诚实、负责，绝不弄虚作假，其次，始终保持公平、中立的态度，不诱导被访者回答问题，最后，遵守保密原则，不得向与调研项目无关的人员提及项目情况。

（二）具备优秀的意志品质和谦虚的态度

在调查活动中，访问员会遇到各种问题，如遭受各种拒绝、不理解，但访问员要始终坚定信心和保持耐心，与被访者交流始终保持谦虚、谨慎的态度，以获得被访者的配合和支持。

（三）要有较强的语言表达能力

访问员在接触被访者时要使用礼貌用语，在访问时要口头询问被访者问题，解答被访者的疑问。因此，一个优秀的访问员必须口齿清晰、说话流利，具有良好的口头表达能力。

（四）具备整洁的仪容仪表

访问员需要走街串户地进行调查，访问员的外表不仅会影响被访者的合作态度，还会关系到访问员能否入户成功。因此，访问员必须具备整洁的仪容仪表。

二、访问员的培训

（一）基础培训

访问员基础培训的内容主要包括行为规范培训、职业道德培训、抽样技术培训、访问技巧及受访者心态把握培训、离开技巧及处理意外事件技巧培训等。通过基础培训，可以使访问员端正态度，树立信心，掌握与人沟通的技巧，为以后的访问实践打下坚实的基础。

（二）项目培训

项目培训是针对特定的市场调研项目而实施的专项培训。其培训内容如下。

1. 问卷讲解

调研督导要为访问员逐题讲解问卷中的问题及前后问题的逻辑关系，讲解如何指导被访者正确填写问卷、如何记录等，以确保访问员能全面了解问卷内容和访问技巧。

2. 模拟

将访问员两两分组，设置具体的访问场景，让他们模拟访问员和被访者进行具体的访问操作。模拟时，要将在实际调查中可能遇到的各种问题和困难表现出来，让受训者解答和处理，以增加受训者的经验。

3. 试访

访问员在完成模拟访问训练后，要实地完成一个访问项目，并记录访问过程中出现的问题。如果有必要，调研督导可陪伴一些新访问员到现场试访，以增强其信心，使其尽快熟悉访问业务，并在实战中提高技能。

4. 访问总结

当所有访问员完成试访后，调研督导要召集所有访问员集中进行总结，总结试访中好的经验、出现的问题或不足之处，同时针对试访中出现的共同问题提供解决办法。

三、访问技巧

（一）保持良好心态

访问员受聘从事调研工作是合理、合法的事情，所以应该大大方方地接近被访者。同时应该知道，做营销调研要麻烦被访者，让其提供信息，被访者配合调查是我们的幸运，拒绝调查也符合情理。只有这样思考问题，才能在调研工作中保持良好心态。而良好的心态又对访问员坚持访问尤为重要。在街头拦截式访问中，可能连续询问十几个人，都找不到愿意接受调查的人，但只要保持乐观的心态，不断坚持，总会有人停下脚步倾听。

（二）确定访问时间和地点

访问应在被访者方便的时间里实施。如果是入户访问，应安排在上午 9 时至晚上 9 时之间进行，同时应避免吃饭时间。为了得到有代表性的样本，访问应尽可能安排在周末和工作日晚上进行。访问地点分为公共场所和私人居所。一般情况下，随机抽样调查的访问地点尽可能选择私人居所。调研机构要与当地居委会建立友好关系，获得居委会的帮助，保证访问员能进入私人居所进行访问，访问员还要争得被访者允许，与被访者面对面坐在一起，以便准确地提问和记录。非随机抽样调查的访问地点多在购物中心、商场、学校、医院等公共场所，访问员要随身携带有关批文的复印件，以免发生误会，延误工作。

（三）开场白

访问员与被访者最初的接触是从开场白开始的。所以开场白首先要尽量简短，目的是使被访者立即开始回答问题。一旦被访者将注意力集中在问题上，就不会再去考虑是否应该参与的问题。下面给出一个简短的开场白的例子。

你好！我叫×××，是××公司的访问员。我有一些关于教育培训的问题，想了解一下您的看法。（马上问第一个问题）

其次，开场白要尽早提问，不宜请求被访者允许访问。例如，用"我可以占用您几分钟时间吗？"这类问话很容易得到拒绝的回答。请求被访者获得允许的拒绝率将会高得多。总之，能使被访者越早回答问题越好。被访者一旦参与，一般就不会中途停止。

（四）应对拒访的技巧

1. 应对开场白之后拒访的技巧

访问员在讲出开场白之后，被访者的态度可分为三种情况：一是对调研很感兴趣，可以接受访问；二是非常反感，果断拒绝；三是处于两者之间的犹豫状态。第三种情况是访问员会碰到的大多数情况。访问员的工作重点是将被访者的犹豫状态转换为能够接受调查的状态。在调研实践中，被访者产生犹豫心理的原因是多种多样的。有的怕麻烦；

有的认为调查对自己没用；有的反感访问员的行为举止；有的是有事或不顺心而无心配合。下面我们列出常见的拒访原因及应对技巧（见表7-1）。

表 7-1 常见的拒访原因及应对技巧

拒访原因	应对技巧
认为调查无意义	您的意见很重要，我们想了解您对这类问题的看法，以便我们更好地为您服务
手头有事或不顺心	如果您暂时没有时间，那么我们可以另外预约一个时间
怕泄露隐私	此次访问只供统计分析用，对所有被访者的资料会绝对保密
怕麻烦	只是想了解一下您的日常消费习惯和意见，只需几分钟的时间

在流动人群中进行街头拦截式访问时，通过开场白让对方自动停下脚步是良好的开端。若对方继续行走，我们则应该跟随对方走几步，同时讲一些对方感兴趣的话，切不可要求对方停下脚步，如果跟随前行10米左右依然无法让对方停步，就可以终止访问。

2. 应对中途拒访的技巧

有时，访问进行到了一半，被访者会由于种种原因而拒访。比如，当时间太长，被访者出现不耐烦情况。不愿再接受访问时，访问员要表现出诚恳的态度，用商量的语气劝解。又如，当遇到被访者不耐烦想结束访问时，访问员可用"我们是根据您的意见进行改进的，您看您的意见多么重要，下面还有几个内容，希望您再合作一下，非常感谢您""我们进行的是抽样调查，每一个被抽到的人的意见都很重要，缺少了您的意见，调研结果会出现偏差"等话语劝解。如果被访者态度强硬，为了保证问卷的质量，访问员就不应勉强，应当换人重访。

（五）提问

访问员必须丝毫不差地按照问卷中的问题和指导语的要求进行提问，不能按照自己的理解修改问卷中问题的提法。访问员提问时应遵循以下原则。

（1）读题时，注意运用眼神与对方沟通，鼓励被访者积极回答；

（2）严格按照问卷中问题的顺序来提问，该跳答的问题要遵照指导语提问；

（3）必须丝毫不差地按照问卷中的措辞提问，且每个问题都应读到；

（4）提问时发音清晰，音量和语速控制在适当水平，以被访者听清为宜，对方不理解的问题要重新提问；

（5）读题时留出适当的时间让被访者理解，对于较复杂的问题，可适当完整重复题目。

（六）追问

问卷中可能有一些开放式问题，需要被访者深入地回答，同时被访者的回答可能含糊其词、模棱两可，甚至前后矛盾，这时就需运用追问技巧使被访者进一步解释问题。常见的追问技巧如下。

（1）重复提问。即用同样的措辞再一次提问被访者，刺激他们谈出进一步的看法；

（2）重复被访者的回答。重复被访者的回答，使他们谈出进一步的看法；

（3）利用停顿或沉默。通过停顿、沉默或注视暗示访问者正在等待被访者提供一个更全面的答案。

下面是一个对封闭式问题追问的例子。

提问：请问您是如何看待鼓励网约车发展的观点的？5分表示非常赞同，4分表示比较赞同，2分表示不太赞同，1分表示非常不赞同。您的选择是什么？

回答：还行。

追问：那么，"还行"是表示非常赞同、比较赞同，还是不太赞同呢？

回答：比较赞同。

开放式问题采用追问方式会使答案清晰化。下面是一个对开放式问题追问的例子。

提问：请问您为什么喜欢××品牌的冰激凌？

回答：习惯了。

追问：您习惯这个品牌的哪些方面？

回答：味道。

追问：请具体讲一下，是什么味道？

回答：草莓味道。

（七）记录

对于问卷中的封闭式问题，访问员要注意画圈的号码或空格；对于开放式问题，访问员记录时的注意事项如下。

（1）注意逐字逐句按原话记录；

（2）不要对被访者的回答进行归纳总结；

（3）边记录，边重复所记录的答案；

（4）记录与问题有关的全部内容，包括所有的追问语及答案。

（八）结束

在收到所有的信息后才能结束访问。回答被访者的有关提问，向被访者赠送小礼品，并表示感谢，检查材料是否遗漏。有些访问调查还会要求被访者在问卷上填写姓名、地址及电话号码等，以便派员实地抽查和电话抽查。

任务二　调研工作控制

除了要对访问员进行认真严格的培训，调研督导还要采取一些管理控制措施，以保证调研人员能按照培训中所要求的方法和技术进行访问。调研人员包括督导、抽样人员、访问员和复核人员。管理控制分为抽样控制、访问控制和复查验收。

一、抽样控制

抽样控制是指调研督导应确保抽样人员严格按调研项目要求确定调研总体、抽样框，按计划抽取样本。抽样控制工作具体包括如下。

（1）应反复核实抽样人员确定的抽样框是否准确。要确保抽样人员是从一个较为完备的抽样框中抽样的，要防止抽样人员从存在严重缺陷的抽样框中抽样；

（2）核实样本容量的确定是否经过仔细论证。不同的调研项目有不同的精度要求，不能随意对所有调研项目均抽取固定样本容量的样本进行调查；

（3）核实是否按指定的方式抽样。要防止抽样人员不按抽样规则进行抽样，而是为了方便随意选择调研对象进行调查。

二、访问控制

访问控制是指调研督导采取公开或隐蔽的方法现场监督访问员的调研工作。由于访问员的工作为野外作业性质的工作，访问员存在调研作弊的可能性。调研督导特别要防止访问员出现以下作弊行为。

(1) 自填问卷，而不是按照要求让被访者填写；

(2) 为了省力，将问卷交由被访者自己填写而不进行指导；

(3) 擅自将问卷转让给其他没有接受过培训的人去独立完成；

(4) 没能遵守先调查后送礼品的规定，或者擅自私吞礼品；

(5) 在调查中发表一些可能诱导被访者的言论，影响调查的客观性；

(6) 漏记或没有记录某些问题。

为了防止访问员出现调研作弊行为，通常采取"撒胡椒面儿"的方法。"撒胡椒面儿"是指在问卷中"撒"上一些"查账者"，"查账者"是调研公司或委托客户公司的工作人员。访问员会把这些"查账者"当成一般的被访者进行访问，如果有任何作弊行为，都会轻易暴露出来。

三、复查验收

复查验收是指调研督导对访问员上交的调研结果进行审核，以纠正偏差。复查验收首先是审查问卷，即对访问员收集来的问卷进行检查，查看所有该回答的问题是否都回答了，跳答的问题是否按要求进行了，答案是否前后矛盾等。其次，要抽查 10%～25% 的被访者，向他们求证调查过程。如访问员是否在规定时间内对被访者进行了访问，是否按规定的问卷顺序向被访者提问了所有的问题，访问员是否积极主动寻求与被访者的合作，是否适当地运用了调研技巧，态度是否礼貌等。

课后思考练习题

(1) 分析在营销调研实践中下列现象可能存在的问题，说明理由并给出实施建议。

① 在一项入户访问中，有一位访问员的拒访率特别高，而其他访问员的拒访率则远远低于该访问员。

② 当复核人员打电话进行复核时，有一部分被访者反映，访问地址与调研规定的访问地址不一致。

③ 在一位访问员交上来的问卷中，几乎所有的开放式问题均以同样的口吻、最简洁的方式进行了回答。

④ 在一位访问员交上来的问卷中，从头到尾答案的选项都是 A。

（2）电话访问、街头拦截式访问和入户访问在调研实施中各有什么特点？其他管理和控制手段有什么区别？分析总结一下，然后进行交流。

课外调研实战项目详解

浙江省湖州市 A 高校眼镜市场调研项目的实施方案

A 高校营销教研室为了组织实施浙江省湖州市 A 高校眼镜市场调研项目，制定了调研实施方案。具体内容如下。

一、确定具体的访问对象

调研小组通过学校教学办获取了 A 高校 30 个专业的大一男生名单、大一女生名单、大二男生名单、大二女生名单、大三男生名单、大三女生名单，并按其占全校学生的比例分别计算出每个专业中 6 类人群的抽样人数。然后以每个专业中 6 类学生名单为抽样框，采取随机号码表法抽出每个专业 6 类人群的具体姓名，再通过学工办获得被抽中样本学生的电话号码。

二、访问员培训

1. 问卷讲解

调研督导为访问员逐题讲解问卷中的问题及前后问题的逻辑关系，对问卷前面的筛选题、后面的跳答题及排序题，调研督导进行了反复的讲解，直到访问员完全弄懂为止。

2. 设计开场白

调研督导为访问员设计了简单有效的开场白，要求访问员背诵。开场白如下。

"同学你好！

我是市场营销专业 21 级学生，我们正在开展一个关于学生眼镜消费的调研实训，想对您进行几分钟的调查，调查内容很简单，调查完后我们会赠送您小礼品，谢谢！"

3. 模拟训练

将访问员两两分组，设置具体的访问场景，让他们模拟访问员和被访者进行具体的操作。重点模拟被访者直接拒访和中途拒访的场景，提高访问员应对直接拒访和中途拒访的技巧，增强访问员的信心。

三、实施访问调查

1. 对访问员进行分组

调查人员为市场营销专业学生，共 60 人，每 2 人一组，共 30 组，每组负责一个专业的各年级男女生的样本抽样。

2. 做好调研前的准备

每组访问员最好提前与被抽中的样本联系，约定好访问时间和地点。同时准备好问卷、笔、纸、礼品及相关证件。

3. 访问样本

访问员要着装整洁，按约定的时间地点与被访者见面。见面后，访问员先要面带笑容，彬彬有礼地讲出开场白，然后向被访者提问。面对被访者拒访，访问员不要慌张，要冷静思考，采取有效对策。对于实在不愿意接受访问的被访者，为保证问卷答题的质量，访问员应放弃访问。对于接受访问的被访者，访问员在提问时应严格遵守以下原则。

（1）严格按照问卷中问题的顺序来提问，该跳答的问题要遵照指导语提问；

（2）必须丝毫不差地按照问卷中的措辞提问；

（3）提问时发音清晰，音量和语速控制在适当水平，对方不理解的问题要重新提问；

（4）遇到被访者不明白的地方应尽量向其解释，但不能暗示答案。

访问结束后，访问员应现场审核问卷，审核无误后应赠送礼品给被访者。为了保证调研质量，访问员的调研时间不可太短，平均每份问卷的调研时间应不少于 5 分钟。

项目八 整理分析市场调查资料

知识目标

1. 了解调查资料整理的步骤与方法。
2. 了解各种列表分析的方法。
3. 了解对比分析方法。
4. 掌握集中趋势和离散程度分析方法。

技能目标

1. 对资料的处理有全面的程序和思路。
2. 能对问卷回收、审核、编码、录入。
3. 正确地计算百分数、平均数、方差。
4. 能编制频数表、交叉分析表及相关表，利用 Excel 绘制各种统计图。

训练路径

1. 亲自动手，将回收的调查问卷审核、编码、录入。
2. 根据问卷编制频数表、交叉分析表，根据有关数据用 Excel 绘制各种统计图。
3. 对所收集的资料进行讨论，确定采取哪些分析方法以充分利用资料。

引导案例

某市家用汽车消费情况调查分析

随着居民生活水平的提高，私家车消费人群的职业层次正在从中高层管理人员和私营企业主向中层管理人员和一般职员转移，汽车正从少数人拥有的奢侈品转变为能够被更多普通家庭所接受的交通工具。因此，了解该市家用汽车消费者的构成、消费者购车时对汽车的关注因素、消费者对汽车市场的满意程度等对汽车产业的发展具有重要意义。

本次调研活动共发放问卷400份，回收有效问卷368份，根据整理的资料得到如下分析结果。

一、消费者构成分析

1. 有车用户家庭月收入分析，如表8-1所示

表8-1 有车用户家庭月收入分析

家庭月收入	比重	累积
2000元以下	28.26%	28.26%
2000～3000元	33.70%	61.96%
3001～4000元	10.87%	72.83%
4001～5000元	18.48%	91.31%
5000元以上	8.69%	100.00%

目前，该市有车用户家庭月收入在2000～3000元的最多；有车用户平均月收入为2914.55元，与有车用户平均月收入相比，有车用户普遍属于月收入较高人群。61.96%的有车用户月收入在3000元以下，属于高收入人群中的中低收入档次。因此，目前该市用户的购车需求一般是10万～15万元的经济车型。

2. 有车用户家庭类型和非家庭类型分析，如表8-2所示

表8-2 有车用户家庭类型和非家庭类型分析

家庭类型	比重	累积
Dink家庭	36.96%	36.96%
核心家庭	34.78%	71.74%
联合家庭	8.70%	80.44%
单身	17.39%	97.83%
其他	2.17%	100.00%

Dink（Double income no kid）家庭，即夫妻二人无小孩的家庭，占有车家庭的比重大，为 36.96%。其家庭收入较高、负担较轻、支付能力较强、文化层次高、观念前卫，因此 Dink 家庭成为有车族中最为重要的家庭类型。核心家庭，即夫妻二人加上小孩的家庭，比重为 34.78%。核心家庭是当前社会中最普遍的家庭类型，因此比重较高不足为奇。联合家庭，即与父母同住的家庭，仅占 8.70%。单身占 17.39%，这部分人个人收入高，且时尚前卫，在有车用户中占据一定比重。

3. 有车用户职业分析

调查显示有 29% 的消费者在企业工作，20% 的消费者是公务员，另外还有自由职业者、事业单位工作人员和机关工作人员等。目前企业单位的从业人员是最主要的汽车使用者。而自由职业者由于收入较高及其工作性质，也在有车族中占据了较大比重，如图 8-1 所示。

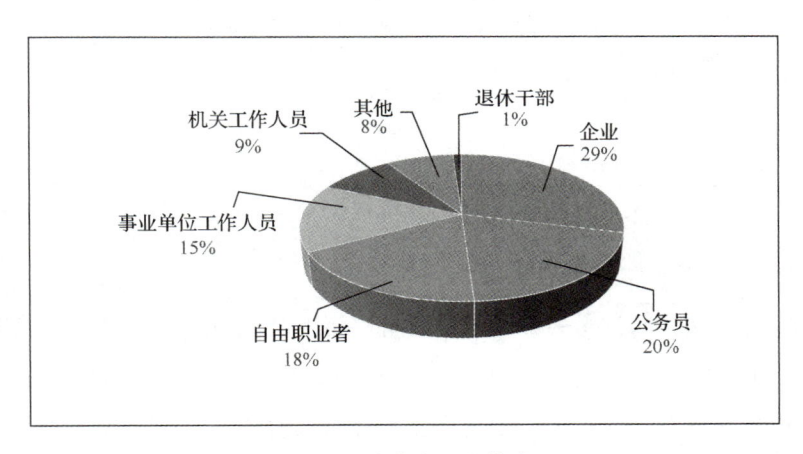

图 8-1 消费者职业构成

4. 有车用户年龄及驾龄分析

在所调查的消费者中，年龄大多在 30～40 岁和 30 岁以下，所占比重分别为 43% 和 28%，也有 23% 的年龄在 40～50 岁，仅有 6% 的年龄在 50 岁以上。可见，现在有车一族年轻化的趋势越来越明显。该市有车用户的驾龄平均为 5.294 年，而在本次接受调查的消费者中，有 61.94% 的驾龄在 3 年以上，由此可见，本次调查的有车用户驾龄普遍较长，因而对汽车也比较熟悉，对汽车相关信息掌握的也相对全面。

二、消费者购车偏好分析

1. 消费者购车时关注的因素分析

调查显示，在消费者购车时关注的因素中，油耗经济性好、性价比合理、售后服务好这三项占据了前三名，所占比重分别为 22%、21%和 15%，其次，排在前列的关注因素还有安全性有保障、品牌知名度高，所占比重均为 13%，排在后面的关注因素有维修成本低、能体现身份地位、外观时尚，所占比重分别为 8%、3%、4%。由此可见，汽车自身的节能性和性价比是消费者购车时最关注的因素，经销商提供的售后服务保证也较为重要。而维修成本低、能体现身份地位、外观时尚则是消费者购车关注程度较低的因素。消费者购车时关注的因素如图 8-2 所示。

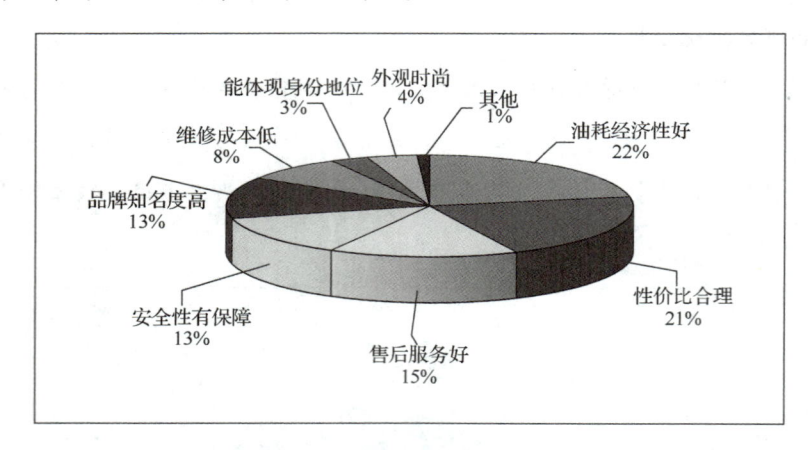

图 8-2　消费者购车时关注的因素

2. 消费者获取汽车信息的渠道分析

消费者在购车前获取信息的渠道主要有哪些呢？通过汽车报刊获取信息的消费者占总数的 27%，有 23%的消费者是通过电视广播获取信息的，此外，上网查询、广告等也都是消费者获取信息的主要渠道。由此可见，在传媒行业越来越发达的今天，任何媒介都能够被加以利用，成为推动营销的帮手。消费者获取信息的渠道如图 8-3 所示。

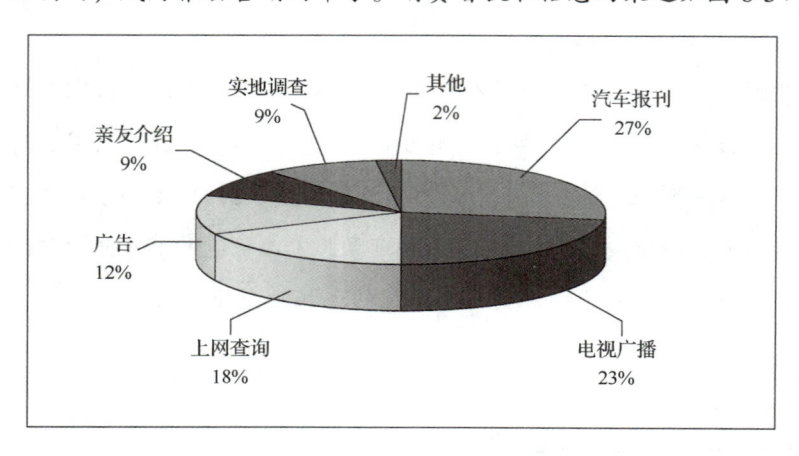

图 8-3　消费者获取信息的渠道

3. 消费者购车场所和支付方式分析

调查显示，在大型汽车市场、品牌专卖店、综合销售点和其他这几种购车场所中，目前消费者最为信赖的还是品牌专卖店。调查显示，选择在品牌专卖店购车的消费者比重竟高达 74%，相信这与品牌专卖店舒适的购车环境、良好的信誉、有保障的售后服务都是分不开的。而目前消费者在支付方式上大多还是选择一次付清，也有 33% 的消费者选择分期付款，但选择向银行贷款的消费者仅为 7%。这一方面反映出大部分消费者的购车计划是在对自身收入进行合理估算后的可行选择；另一方面也说明了目前我国信贷行业的不发达与不完善。消费者信赖的购车场所如图 8-4 所示。消费者满意的支付方式如图 8-5 所示。

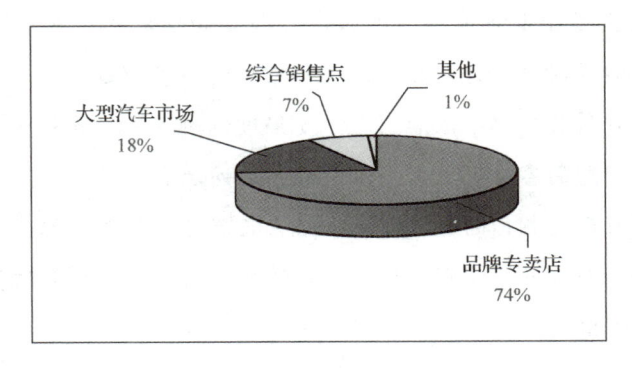

图 8-4 消费者信赖的购车场所

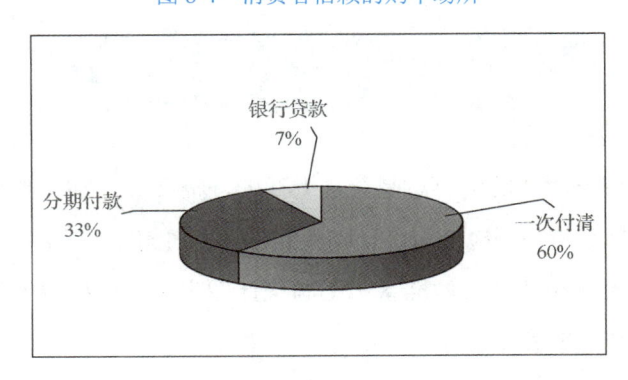

图 8-5 消费者满意的支付方式

4. 用户使用情况特点分析

本次调查中，男性用户使用的汽车品牌中排名前三的分别是捷达、宝来、本田，所占比例分别为 37%，14%，11%；女性用户使用的汽车品牌中排名前三的分别是宝来、本田、捷达，所占比例分别为 44%，13%，13%。由此可见，该市家用汽车市场上消费者使用的汽车品牌的前三位是捷达、宝来和本田，所占比重分别是 33%，20%，11%。

而消费者所认为的该市家用汽车市场上数量最多的汽车品牌的前三位也分别是捷达、宝来、本田，这与实际情况也较为相符。由此可见，目前最受有车一族青睐的无疑是经济车型。

本次调查从购车用途来看，仅有1%的消费者是为了家用方便，98%的消费者是为了上下班方便或作为商业用途。对车主保险情况调查来看，有81%的人都会给爱车投保，以减少用车风险，但也有4%的消费者认为给爱车投保没有必要。

（资料来源：道客巴巴 编者有改动）

案例启示

调研收集到的大量杂乱无章的资料该怎样整理和分析呢？本案例中主要采取了列表、绘制饼状图等方式对资料进行分析。案例中的资料整理过程——编辑和编码都省略了。一般情况下，资料收集起来以后，首先要经过编辑，即对资料进行检查和修正。然后编码，即给每个问题的答案配上数字或符号，为列表和统计分析做准备。最后进行列表和统计分析，列表即把相似的数据放到一起，它既是资料整理的一个环节，也是对资料进行初步的分析。而统计分析则要运用诸多统计分析方法对列表的资料进行系统深入的分析，以挖掘更多信息。

任务一　资料的整理

一般情况下，调查所得的资料总是杂乱无章的，需要经过加工整理才能便于分析。资料的整理过程包括编辑——检查和修正收集到的资料；编码——给每个问题的答案配上数字和符号，为列表和统计分析做准备；编制统计图表——把相似的数据放到一起。为了便于理解，编制统计图表将在任务二中进行介绍。

一、编辑

编辑是对资料进行筛选，即发现并"挤出"收集起来的资料中的"水分"，选用真正有用的资料。虽然调研督导对实施调研过程实行了严格的控制，但回收上来的资料仍不可避免地会存在各种各样的问题，主要表现为：不完整的答卷、明显的错误答案，以及由于被调查者缺乏兴趣而做的答卷。编辑的重点应放在这三类问题的查找和处理上。

（一）处理不完整的答卷的对策

不完整的答卷分为三种情况：第一种是大面积的无回答，此种问卷应为废卷；第二种是个别问题无回答，这种问卷应为有效问卷，所遗空白待后续工作采取补救措施；第三种是相当多的问卷对同一问题无回答，这种问卷仍为有效问卷。造成此种情况的原因可能是问题用词含混不清让填写者无法理解，或者问题具有敏感性使填写者不愿意回答。

（二）处理明显的错误答案的对策

明显的错误答案是指那些前后不一致的答案或答非所问的答案。对于此种错误，可以根据问卷的答案内在逻辑联系，对前后不一致的地方进行修正。例如，当某类问卷要求填写者跳问而填写者却按顺序逐题作答时，可以将不要求作答而填写者实际作答的问题不予统计。

（三）处理缺乏兴趣而做的答卷的对策

有些被调查者对问题的回答反映出他显然对所提问题缺乏兴趣。例如，被调查者对连续十几个问题的答案都选择 A 选项，而这十几个问题的答案有 A 选项、B 选项、C 选项和 D 选项等多种选项。如果这种缺乏兴趣而做的答卷仅属个别问卷，则应当将之作为废卷。

二、编码

编码就是对一个问题的不同回答进行分组和确定数字代码的过程。编码分为单选题编码、多项选择问题编码和开放式问题编码。

（一）单选题编码

单选题是封闭式的，可以预先编码。单选题的正确答案只有一个，在每个选项的左边都有一个数字代码为指定编码。例如，某彩电调查问卷中第一题的答案设计如下。

请问您府上有没有彩电？

1□有　　　　　　　2□没有（跳问第十题）

如果被调查者选"有"，则编码为"1"；如果选"没有"，则编码为"2"。

（二）多项选择问题编码

1. 普通多项选择问题编码

普通多项选择问题有多个选项，被调查者可以选择 1~N 个选项，如有 N 个选项，则编码为 N 位数。每个选项编码只有两种情况，不选时编码为"0"，选择时编码则为选项的序号，N 个选项编码为一个由"0"和选项序数组成的 N 位数。例如，某大学生课外阅读调查问卷中的一道普通多项选择问题如下。

您阅读时侧重作品的什么特性？（多选）
□①思想性　　　□②知识性　　　□③文艺性
□④娱乐性　　　□⑤实用性　　　□⑥专业性

如果某位被调查者选择思想性、知识性、文艺性，则该题的编码为 123000。

2. 排序式问题编码

排序式问题要求被调查者按照某种属性对选项进行排序。编码时可直接将选择的序号按要求排序即可。例如，购买眼镜调查问卷的排序式问题如下。

下列选项是购买眼镜时要考虑的因素，请您按照重要性对它们排序（降幂排列，最重要的选项排在最前面）_____

1 品牌　　　　　2 质量　　　　　3 价格
4 款式　　　　　5 服务　　　　　6 地理位置

如被调查者填写了 564321，则该题的编码为 564321。

3. 量表式问题编码

量表式问题中，数字代表不同量度的分类，问卷上已有这些数字，因而无须再为它们编码。例如，全聚德服务调查问卷的量表式问题如下。

你怎样评价全聚德的服务速度？
非常慢 1234567 非常快

（三）开放式问题编码

开放式问题与封闭式问题不同，它不能事前编码，只能事后编码。开放式问题编码可采取以下步骤进行。

1. 列出答案

要对相当比例的答案进行抄录，要把每一种不同含义的答案都抄在表格中，并统计明显相同的答案的出现次数。例如，休闲零食调查问卷中的开放式问题为：请问您不喜欢喝奶茶的原因有哪些？我们先对问卷中相当比例的答案进行抄录，并将答案列成频数分布表（见表8-3）。

表8-3 开放式问题答案频数

原因	次数	原因	次数
价格不合理	5	热量高，怕发胖	8
价格原因	4	医生说上火	4
价格有点高	1	天气热，易上火	15
糖多，怕胖	10	天气热，想吃清淡的	6
因为体重增加	8	……	……

2. 归纳总结

对表8-3的答案做进一步归纳，先将同类答案总结，保留出现次数多的答案，然后将出现次数较少的答案尽可能归并成含义相近的几组，对所确定的分组选择正式的描述词汇，最终形成数量适当的编码表（见表8-4）。

表8-4 开放式问题答案的合并分类和编码

原因	代码
价格不合理	1
担心发胖	2
易上火	3

3. 对全部回收问卷的开放式问题答案进行编码

根据编码表对所有开放式问题的答案进行归类和编码，在问题旁边写上答案在编码表中对应的号码。例如，某份问卷中开放式问题的答案为：吃了容易发胖。根据表8-4中代码，应将该开放式问题的答案编码为2。

任务二　资料的初步分析——编制统计图表

编制统计图表既是资料整理归纳的最后一个步骤,也是数据分析工作的开始。在实践中,统计表有单因素列表、多因素列表,统计图有条形图、饼状图和折线图。

一、统计列表

调研人员搜集的各类信息是独立呈现的,只反映某一类现象的状态,为了揭示各类现象之间的联系以提供调研委托方感兴趣的信息,我们需要把调查资料按照一定的目的、用表格的形式展现出来,即进行资料的初步分析——列表。列表分为单因素列表和多因素列表,单因素列表是仅计数一个变量的不同数值的出现次数;如果同时计数两个或多个变量的不同数值联合出现的次数,这种列表就是多因素列表。列表要根据调研委托方的信息诉求点来设计。

(一)单因素列表分析

使用单因素列表的目的是统计一个变量的不同数值的出现次数。当调研委托方关注一些总体性和概况性的信息时,可以采用单因素列表进行初步分析。例如在浙江省湖州市 A 高校眼镜市场调研项目中,调研委托方想了解浙江省湖州市 A 高校眼镜市场的基本情况。我们可通过购买眼镜行为这个单因素进行列表,调研满足调研委托方的信息诉求,如表 8-5 所示。

表 8-5　购买眼镜行为单因素频数

购买眼镜行为	学生数	百分比
已经购买	75	75%
近一年内购买	23	23%
不购买	2	2%
合计	100	100%

从表 8-5 的数据来看,被调查的 100 名学生中,75%的学生已经购买并佩戴眼镜,23%的学生近一年内购买眼镜,只有 2%的学生不购买眼镜。这说明 A 高校大部分学生属于现有眼镜市场,少部分学生属于易开发的眼镜潜在市场,只有极少数学生属于不能开发的市场。

（二）多因素列表分析

多因素列表是研究变量间关系的最重要工具。这种列表的基本思想是将两个或两个以上问题的回答结合起来列表，以考查变量之间的联系或对其中某个变量进行更深入的研究。交叉列表是营销调研中使用最广泛的一种方法。

1. 双向交叉列表

双向交叉列表是同时有两个变量参加交叉分组的频数分布表，这种频数分布表又称联列表。它是更复杂形式交叉列表的基础。例如，在 A 高校眼镜市场调研项目中，我们提出了两个问题：不同月开支的消费者是否购买不同价格的眼镜产品？不同价格的眼镜产品其主要目标顾客是否有区别？我们先将 A 高校全部学生按月开支分为 1500 元以下组、1500～2000 元组、2001～2500 元组、2500 元以上组；再按眼镜购买价格将眼镜分为 300 元以下组、300～500 元组、501～700 元组、700 元以上组。通过这样交叉分组，再计数出同时带有两个分组标志的观测值的数目，即可得到学生月开支与眼镜购买价格的双向交叉列表，如表 8-6 所示。

表 8-6　学生月开支与眼镜购买价格的双向交叉分组频数

月开支	眼镜购买价格				
	300 元以下	300～500 元	501～700 元	700 元以上	总计
1500 元以下	2	15	56	12	85
1500～2000 元	1	5	98	61	165
2001～2500 元	1	4	63	32	100
2500 元以上	0	2	32	24	58
总计	4	26	249	129	408

从表 8-6 的总计数看到，408 名学生中有 85 名学生月开支低于 1500 元，165 名学生月开支在 1500～2000 元之间，100 名学生月开支在 2001～2500 元之间，58 名学生月开支超 2500 元；有 4 名学生眼镜购买价格低于 300 元，有 26 名学生眼镜购买价格在 300～500 元之间，有 249 名学生眼镜购买价格在 501～700 元之间，有 129 名学生眼镜购买价格在 700 元以上。再看表的交叉部分，例如，"月开支在 1500 元以下"与"眼镜购买价格在 300 元以下"交叉的人数为 2 名，"月开支在 1500～2000 元之间"与"眼镜购买价格在 300 元以下"交叉的人数为 1 名，"月开支在 2001～2500 元之间"与"眼镜购买价格在 300 元以下"交叉的人数为 1 名，"月开支在 2500 元以上"与"眼镜购买价格在 300

元以下"交叉的人数为 0 名。为了进一步表明两变量间的联系，我们进一步列表交叉分组的百分比相对数，如表 8-7、表 8-8 所示。

表 8-7　学生月开支与眼镜购买价格交叉分组横向百分比

月开支	眼镜购买价格				总计	个案数
	300 元以下	300～500 元	501～700 元	700 元以上		
1500 元以下	2%	18%	66%	14%	100%	85
1500～2000 元	1%	3%	59%	37%	100%	165
2001～2500 元	1%	4%	63%	32%	100%	100
2500 元以上	0%	3%	55%	42%	100%	58

表 8-8　学生月开支与眼镜购买价格交叉分组纵向百分比

月开支	眼镜购买价格			
	300 元以下	300～500 元	501～700 元	700 元以上
1500 元以下	50%	58%	22%	9%
1500～2000 元	25%	19%	39%	47%
2001～2500 元	25%	15%	25%	25%
2500 元以上	0%	8%	14%	19%
合计	100%	100%	100%	100%
个案数	4	26	249	129

从表 8-7 看出，无论学生月开支处于何种水平，购买低价眼镜（300 元以下）的占比都极小。月开支最低（1500 元以下）的学生中，购买中高价眼镜（501～700 元）占 66%；购买高价眼镜（700 元以上）和中低价眼镜（300～500 元）占比都不高，分别为 14%、18%。随着学生月开支的增加，购买中高价眼镜、低价眼镜的比例开始下降，而购买高价眼镜的比例则开始上升。例如，月开支为 1500～2000 元的学生购买中高价眼镜、中低价眼镜的比例分别降至 59%、3%，而购买高价眼镜的比例升至 37%；月开支最高的学生（2500 元以上）购买中高价眼镜、中低价眼镜的比例分别降至 55%、3%，而购买高价眼镜的比例升至 42%。这表明学生月开支对眼镜购买价格有一定的影响，学生月开支越高，则购买高价眼镜的比例越高。

从表 8-8 看出，在购买低价眼镜的学生中，最低月开支（1500 元以下）学生占 50%，较低月开支学生（1500～2000 元）和较高月开支（2001～2500 元）学生均占 25%；在购买中低价眼镜的学生中，最低月开支学生占 58%，较低月开支学生占 19%，较高月开支学生占 15%。这表明低价眼镜和中低价眼镜的目标市场相对集中，以最低月开支学生为主。在购买中高价眼镜的学生中，最低月开支学生、较低月开支学生、较高月开支学生、最高月开支（2500元以上）学生占比分别为22%，39%，25%，14%，这表明中高价眼镜的目标市场相对分散，以最低月开支学生、较低月开支学生、较高月开支学生为主。在购买高价眼镜的学生中，最低月开支学生、较低月开支学生、较高月开支学生、最高月开支学生占比分别为9%，47%，25%，19%，这表明高价眼镜的目标市场比较集中，以较低月开支学生、较高月开支学生为主。

2. 三向交叉列表

从表8-7的分析中我们得知月开支对眼镜购买价格有一定的影响，同时我们想了解性别是否对眼镜购买价格也有影响。如果有，两者对眼镜购买价格的影响哪个更大呢？这样的问题要通过三向交叉列表来回答。为了方便分析，我们以2000元为平均值，将全部月开支学生分为低开支组（<2000元）和高开支组（>2000元）；以500元为平均值，将全部眼镜购买价格分为低价格组（<500元）和高价格组（>500元）（见表8-9）。

表8-9　月开支、性别与眼镜购买价格交叉分组频数

月开支	男性			女性		
	500元以下	500元以上	合计	500元以下	500元以上	合计
2000元以下	6	5	11	14	5	19
2000元以上	77	112	189	115	74	189
合计	83	117	200	129	79	208

表8-9是一个典型的三向交叉列表，其具体做法是先把性别固定在"男性"，再把性别固定在"女性"，在这两种性别状态下，分别进行月开支与眼镜购买价格的交叉分组，列出其联合出现的频数，形成月开支、性别与眼镜购买价格的三向交叉列表。为了便于研究变量间的关系，我们需要将频数分布换算成百分比，其结果如表8-10所示。

表8-10　月开支、性别与眼镜购买价格交叉分组百分比

月开支	男性			女性		
	500元以下	500元以上	合计	500元以下	500元以上	合计
2000元以下	55%	45%	100%（11）	74%	26%	100%（19）
2000元以上	41%	59%	100%（189）	61%	39%	100%（189）

对于男性，低开支组只有45%购买高价眼镜，而高开支组的相应比例却上升到59%；对于女性，低开支组购买高价眼镜的比例为26%，而高开支组的相应比例则上升到39%。这表明，在性别一定的条件下，月开支对眼镜购买价格有一定的影响。

现在来分析一下月开支和性别两者中哪一个对眼镜购买价格影响更大一些。对于男性，月开支的增加使得男性购买高价眼镜的概率增加了14%（59%-45%=14%）；对于女性，月开支的增加使得女性购买高价眼镜的概率增加了13%（39%-26%=13%）。我们通过算术加权平均法求得的结果得知，无论性别如何，单纯增加月开支，学生购买高价眼镜的概率所增加的百分点。算式为

$$(0.14×200+0.13×208)/(200+208)=0.13$$

同样，对于低开支学生，当性别从女性变为男性时，学生购买高价眼镜的概率增加了19%（45%-26%=19%）；对于高开支学生，当性别从女性变为男性时，学生购买高价眼镜的概率增加了20%（59%-39%=20%）。通过算术加权平均法求得的结果得知，无论月开支大小，单纯转换学生性别（从女性转换成男性），学生购买高价眼镜的概率所增加的百分点。算式为

$$(0.19×30+0.20×378)/(200+208)=0.19$$

通过以上两步，可知性别对眼镜购买价格的影响比月开支对眼镜购买价格的影响大。

二、统计图

调研资料整理的结果固然可以用统计表来表示，但为了更直观、更形象地表达调研结果，一般用统计图来表示。在统计表的基础上，利用计算机统计软件，我们可以很容易地绘出各种统计图，常用的有条形图、饼状图、折线图。

（一）条形图

条形图又称柱状图，是用宽度相同的条形的高度来表示统计数据大小或多少的一种图形。条形图可以横置也可以纵置。条形图主要用于说明或比较同一项目在不同时间、地点、单位的变化发展情况。例如，根据某品牌饮料知名度绘制条形图，如图8-6所示。

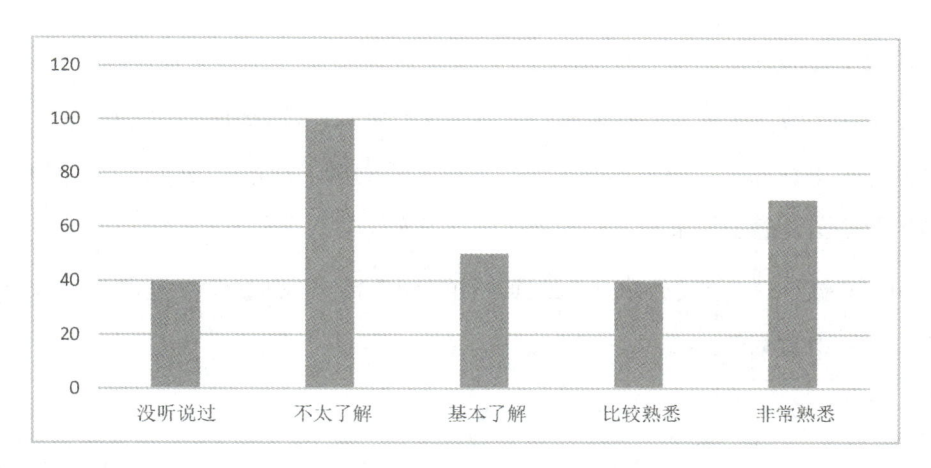

图 8-6　某品牌饮料知名度统计条形图

（二）饼状图

饼状图是用圆形和圆内扇形的面积大小来表示统计指标数值大小的一种图形。它用于表示总体中各组成部分所占的比例，揭示现象的内部结构及其变化。在绘制饼状图时，总体中各部分所占的百分比用圆内的各个扇形面积表示，这些扇形的中心角度是按各部分百分比占 360 度的相应比例确定的。整张饼状图总计 100%，使用时不宜将圆饼切得太多。例如，根据某品牌饮料知名度绘制饼状图，如图 8-7 所示。

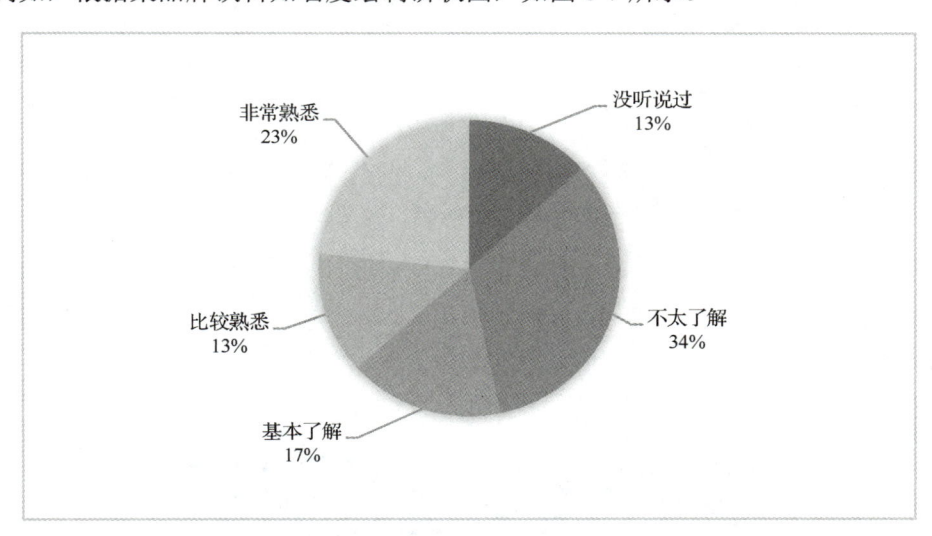

图 8-7　某品牌饮料知名度统计饼状图

（三）折线图

折线图是利用曲线的升降变化来表示统计指标数值变化的一种图形。它用于分析两因素间发展变化的规律、趋势及现象之间的依存关系。

绘制折线图时，如果某一现象是随时间变化显示的，则应将时间绘制在横坐标轴上，指标绘制在纵坐标轴上；如果是两个现象依存关系的显示，则一般将表示原因的指标绘制在横坐标轴上，表示结果的指标绘制在纵坐标轴上。

例如，根据 2021 年某品牌旗下纯净水和果汁饮料的销售资料（见表 8-11），可以绘制折线图，如图 8-8 所示。

表 8-11　2021 年某品牌旗下纯净水和果汁饮料的销售资料

月份	1	2	3	4	5	6	7	8	9	10	11	12
纯净水/吨	12	8	7	9	8	9	9	10	11	12	13	13
果汁饮料/吨	9	8	8	9	7	8	7	10	9	8	10	9

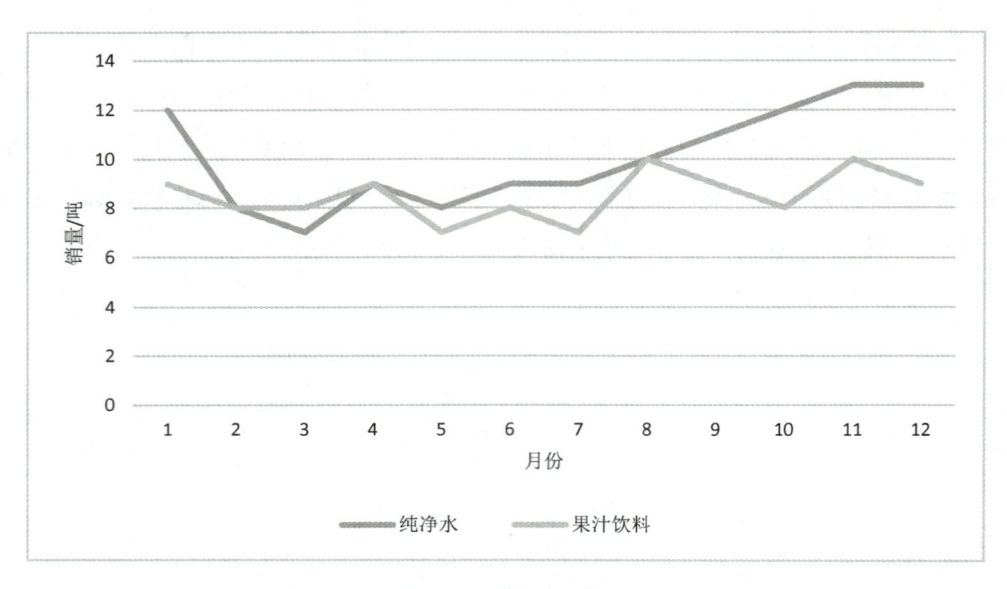

图 8-8　2021 年某品牌旗下纯净水和果汁饮料的销售折线图

任务三　集中趋势分析

集中趋势就是反映调研资料总体的一般水平和代表水平，常用的分析指标是平均数。平均数包括数值平均数和位置平均数。数值平均数有算术平均数、几何平均数，位置平均数主要有众数和中位数。

一、数值平均数

（一）算术平均数

算术平均数是全部数据的算术平均，是测量集中趋势的最主要测度值，按照计算方法可分为简单算术平均数和加权算术平均数。

1. 简单算术平均数

如果总体单位数不多，资料未经分组，先将总体各单位标志值相加得到总体标志总量，再除以总体单位总数，即可得到算术平均数。计算公式为

$$\bar{x} = \frac{\sum x}{n}$$

式中，$\bar{x}$ 为算术平均数；n 为总体单位数；$\sum$ 为求和符号。

【例 8-1】某班级有 10 名学生参与课外健身活动，其每周健身时间分别为 9 小时、8 小时、7 小时、6 小时、8 小时、7 小时、9 小时、10 小时、6 小时、8 小时，则平均每名学生每周健身时间为

$$(9+8+7+6+8+7+9+10+6+8)/10=7.8（小时）$$

2. 加权算术平均数

如果调查的原始资料经过分组整理，则计算算术平均数要采取加权算术平均数的方法。计算公式为

$$\bar{x} = \frac{\sum xf}{\sum f}$$

式中，x 为各组标志值；f 为各组次数。

【例 8-2】某服装商店要销售 100 件衬衣，其中 25 件大号衬衣，每件 350 元；50 件中号衬衣，每件 300 元；25 件小号衬衣，每件 280 元，计算每件衬衣的平均价格。

依题意，100 件衬衣分为三组，每组衬衣的销售价格分别为 350 元/件、300 元/件、280 元/件，而每组的数量分别是 25 件、50 件、25 件，则每件衬衣的加权算术平均价格为

$$\bar{x} = \frac{\sum xf}{\sum f} = \frac{25 \times 350 + 50 \times 300 + 25 \times 280}{100} = 307.5（元）$$

（二）几何平均数

几何平均数是计算平均数的另一种形式，主要用于计算比率或速度的平均数。但当变量值本身是比率的形式，且各比率的乘积等于总的比率时，就采用几何平均法计算平均比率。由于简单几何平均数较为常用，本教材只介绍简单几何平均数。简单几何平均数的计算公式为

$$\overline{x}_G = \sqrt[n]{x_1 \cdot x_2 \cdot x_3 \cdots x_n}$$

式中，$\overline{x}_G$ 为几何平均数；x 为各标志值；n 为变量值个数。

【例 8-3】某企业的产品制造要经过 6 道工序，其中，合格率为 98% 的有 1 道工序，合格率为 96% 的有 1 道工序，合格率为 95% 的有 1 道工序，合格率为 92% 的有 1 道工序，合格率为 91% 的有 1 道工序，合格率为 90% 的有 1 道工序。求产品总平均合格率。

解：产品总平均合格率为

$$\overline{x}_G = \sqrt[6]{98\% \cdot 96\% \cdot 95\% \cdot 92\% \cdot 91\% \cdot 90\%} \approx 93.6\%$$

二、位置平均数

（一）众数

众数是指总体中出现次数最多的标志值，是总体各单位一般水平的代表值，反映了现象的集中趋势。众数的确定方法有以下两种。

1. 由单项式数列确定众数

在单项式数列情况下，次数最多的组的标志值便是众数，如表 8-12 所示。

表 8-12　某商场销售衬衫的资料

尺码	销量（千件）
XS 码	1.5
S 码	2.3
L 码	5.8
XL 码	3.2
合计	12.8

从表 8-12 中可以看出，销量最多（5.8 千件）的变量值是 L 码，因此 L 码就是该商场衬衫销售的众数。

2. 由组距数列确定众数

在计算众数时，首先在数列中找到次数最多的组；然后用公式计算众数的近似值，计算公式如下：

$$M_0 = L + \frac{X_1}{X_1 + X_2} \times d$$

式中，M_0 为众数，L 为众数所在组的下限；X_1 为众数所在组次数与前一组次数之差；X_2 为众数所在组次数与后一组次数之差；d 为众数所在组的组距。

【例 8-4】某班 30 名大学生的月开支资料如表 8-13 所示，求 30 名大学生的月开支的众数。

表 8-13　某班 30 名大学生的月开支资料

月开支（元）	人数（人）
1500～2000	5
2001～2500	8
2501～3000	12
3501～4000	3
4001～4500	2
合计	30

解：首先确定数列的众数组。表 8-13 中人数最多的组是"2501～3000 元"组，而 L=2501，x_1=12-8=4，x_2=12-3=9，d=499，按照众数计算公式可得众数值近似为

$$M_0 = 2501 + 4/(4+9) \times 499 = 2654.54（元）$$

（二）中位数

中位数是指将总体各单位标志值按一定顺序排列后，处于中间位置的标志值。中位数用 Me 表示，由于中位数位置居中，其数值不受极端数值的影响，也能表明总体标志值的一般水平。在实际工作中，有许多场合用中位数来表示现象的一般水平。中位数的确定方法根据具体资料而定。

1. 由未分组资料确定中位数

首先，把标志值按大小顺序排列起来。如果总体单位数是奇数，那么处于$(n+1)/2$（n 代表总体单位数）位置的标志值就是中位数；如果总体单位数是偶数，那么中位数就是

处于 n/2 和 (n/2)+1 位置的两个标志值的算术平均数。

【例 8-5】某班甲、乙两个小组各有 9 人和 10 人，学生体重资料如下。

甲组学生体重（kg）：55，58，60，61，63，65，67，68，70

乙组学生体重（kg）：53，54，58，59，62，64，66，67，69，72

甲组中，中位数位置是（9+1）/2=5，中位数是 63（kg）；乙组中，中位数位置是 5（10/2=5）与 6（10/2+1=6）之间，中位数是(62+64)/2=63（kg）。

2. 由组距数列确定中位数

首先根据累计次数确定中位数所在组，然后用公式计算中位数的近似值，计算公式如下：

$$Me = L + \frac{\frac{\sum f}{2} - S_{m-1}}{f_m} \times d$$

式中，Me 为中位数；L 为中位数所在组的下限；f_m 为中位数所在组的次数；S_{m-1} 为中位数所在组以前各组的累计次数；$\sum f$ 为总次数；d 为中位数所在组的组距。

【例 8-6】根据表 8-13 给出的某班 30 名学生的月开支资料，求学生月开支的中位数。

解：首先求出中位数所在组，总人数为 30，中位数所在位置应在 15，16 之间，而"2501～3000 元"组的累计下限次数、累计上限次数分别为 13，25，故中位数所在组为"2501～3000 元"组，由此可得：$L=2501$，$f_m=12$，$S_{m-1}=13$，$\sum f =30$，$d=499$，按照公式计算中位数近似值为

$$2501 + \frac{\frac{30}{2} - 13}{12} \times 499 \approx 2584.17（元）$$

任务四　对比分析

对比分析是将有联系的各类统计指标进行对比，从而反映事物差异和联系的一种分析方法。常见的有比例分析、比较分析、动态分析和强度分析。

一、比例分析

比例分析是在同一总体内不同组成部分之间进行对比,以反映各组成部分之间的联系和比例的方法。其计算公式为

$$比例相对指标 = \frac{总体中某一部分数值}{总体中另一部分数值}$$

例如,某眼镜专卖店将顾客按性别分组,发现 120 名顾客中包含女顾客 80 名,男顾客 40 名,女性顾客与男性顾客的比例为 80∶40,即 2∶1,因此,该眼镜专卖店应该主要围绕女性顾客的需求开展营销活动。

二、比较分析

比较分析是将两个同类指标做静态对比,以反映同类现象在不同空间下的数量对比关系的方法。其计算公式为

$$比较相对指标 = \frac{某条件下某类指标数值}{另一条件下同类指标数值} \times 100\%$$

例如,某手机生产企业的研发费占销售收入的比重为 3.6%,而其主要竞争对手的研发费用占销售收入的比重为 7%,竞争对手的研发投入占收入的比重几乎相当于该手机企业的 2 倍。因此,该手机生产企业为了获得产品技术优势,必须加大研发费投入。

三、动态分析

动态分析是将同类事物在不同时间上的指标进行对比,以反映现象发展变化的方向和变化程度的方法。动态分析主要包括动态发展速度分析、增长速度分析、平均发展速度分析和平均增长速度分析。

(一)动态发展速度分析

一般把用来作为对比基础的时期称为基期,而把同基期对比的时期称为报告期。动态发展速度的计算公式为

$$动态发展速度 = \frac{报告期指标数值}{基期指标数值} \times 100\%$$

例如，某公司生产的烘焙食品，5月份在其下属的店铺销售了10 000份，而6月份，公司推出了新品，其销量达到了12 000份，则可得到动态发展速度：12 000/10 000=120%。

（二）增长速度分析

$$增长速度=动态发展速度-1$$

例如，某公司生产的饮料在3月份共销售了80万瓶。4月份，公司推出了新配方的饮料，销量达到120万瓶，则可计算公司产品动态发展速度：120÷80=150%。而4月份公司的饮料销量的增长速度为：150%-1=50%。

（三）平均发展速度分析

平均发展速度等于当前发展水平与最初发展水平的比值的 n 次方根，用 x 表示为

$$x=\sqrt[n]{\frac{a_n}{a_0}}\times 100\%$$

式中　x——平均发展速度；

　　　a_0——最初发展水平；

　　　a_n——当前发展水平；

　　　n——最初与当前的时期间隔数。

（四）平均增长速度分析

$$平均增长速度=平均发展速度-1$$

例如，2015年全国城镇居民人均可支配收入为31 195元，2020年为43 834元，则5年来全国城镇居民人均可支配收入平均发展速度为

$$\sqrt[5]{\frac{43834}{31195}}=107\%$$

由此可得平均增长速度：107%-1=7%，这说明5年来全国城镇居民人均可支配收入的平均发展速度为107%，平均增长速度为7%。

四、强度分析

强度分析是将两个性质不同，但有一定联系的总量指标进行对比，以反映现象的强

度、密度和普通程度的方法。其计算公式为

$$强度相对指标=\frac{某一总量指标数值}{另一有联系但性质不同的总量指标数值}\times100\%$$

例如，某公司全年销售额为 8000 万元，其广告费为 400 万元，则该公司的广告费用率为：400÷8000=5%。广告费用率反映每百元销售额所支出的广告费用，该公司的广告费用率为 5%，表明公司每百元销售额支出 5 元广告费。

课后思考练习题

（1）请根据所给资料，完成以下列表。

某地区共有 200 家企业。500 人以下的企业中，高科技制造企业有 10 家，传统制造企业有 5 家，服务业企业有 3 家；500~1000 人的企业中，高科技制造企业有 20 家，传统制造企业有 34 家，服务业企业有 4 家；1001~1500 人的企业中，高科技制造企业有 15 家，传统制造企业有 15 家，服务业企业有 2 家；1501~2000 人的企业中，高科技制造企业有 20 家，传统制造企业有 15 家，服务业企业有 1 家；2001~2500 人的企业中，高科技制造企业有 20 家，传统制造企业有 10 家，服务业企业有 1 家；2500 人以上的企业中，高科技制造企业有 15 家，传统制造企业有 10 家，服务业企业有 0 家。

① 请分别按企业类型、企业职工人数编制单因素列表。
② 请按企业类型、企业职工人数编制双向交叉列表（联列表）。

（2）某银行对客户存款的情况进行统计，结果显示该银行客户存款数量及比重资料如表 8-14 所示。

表 8-14　某银行客户存款数量及比重资料

存款（万元）	10 以下	10~20	21~30	31~40	41~50	50 以上
比重	0.9%	33.0%	29.8%	20.7%	9.9%	4.8%

请计算该银行客户存款数量的平均数、众数、中位数。

（3）某调研公司根据调研数据分析是否拥有旅行车与价值观的关系，经过对资料的分组整理，结果如表 8-15 所示。

表 8-15　是否拥有旅行车与价值观的关系

价值观	是否拥有旅行车		
	是	否	合计
自由主义	9（16%）	46（84%）	55（100%）
保守主义	11（24%）	34（76%）	45（100%）

从表 8-15 看到，24%的保守主义者拥有旅行车，而只有 16%的自由主义者拥有旅行车。调研人员认为这个数据与常识是对立的，所以可能还有另一种变量起作用。于是调研人员把居住地域引进来，编制成了三向交叉列表，如表 8-16 所示。

表 8-16　价值观、居住地域与旅行车拥有情况

价值观	居住地域		
	北方	南方	合计
自由主义	5%	41%	16%
保守主义	5%	43%	24%

请根据表 8-15、表 8-16 数据，分析旅行车拥有情况与价值观、居住地域的关系。

课外调研实战项目详解

对浙江省湖州市 A 高校眼镜市场调查问卷进行列表分析

对调查问卷进行列表分析是调研人员获取信息的重要手段，对问卷进行列表分析要经过三个步骤。首先，必须站在客户的角度，确定要从问卷中获取哪些信息；其次，确定所需信息要从问卷中哪些问题获取；最后，要确定对问题是进行单因素列表还是多因素列表来获取信息，并表明采取何种统计方法来获取所需信息。根据以上步骤，我们对浙江省湖州市 A 高校眼镜市场调查问卷的列表分析详解如下。

一、对问卷进行列表分析，获取 2022 年浙江省湖州市 A 高校现有眼镜市场容量信息

首先，确定从问卷中哪些问题可获取客户所需信息，经分析，我们认为下列问卷中的问题可获取各类眼镜现有市场容量的信息。

Q2.您佩戴什么类型的框架眼镜？

1□近视眼镜　　　　2□防辐射眼镜

3□远视眼镜　　　　4□太阳眼镜

Q4.您现在佩戴的框架眼镜是何时购买的？

1□2022 年　　　　2□2021 年　　　　3□2020 年

4□2019 年　　　　5□2019 年以前

Q5.您更换框架眼镜的频率是

1□半年换一次　　　2□一年换一次　　　3□两年换一次

4□三年换一次　　　　5□三年以上换一次

Q6.您现在佩戴什么类型的隐形眼镜？

1□日抛　　　　　　2□双周抛　　　　　3□月抛

4□季抛　　　　　　5□半年抛　　　　　6□年抛

Q8.您一年大概更换多少只隐形眼镜？

_____

其次，确定是进行单因素列表还是多因素列表。对于 Q2 进行单因素列表，可统计选择各类框架眼镜的问卷份数；对 Q4、Q5 中的框架眼镜购买时间、更换频率进行双向交叉列表；对 Q6、Q8 中的隐形眼镜产品类型、年更换数量进行双向交叉列表。我们以近视眼镜和隐形眼镜的现有市场需求量为例列表，如表 8-17、表 8-18 所示（附带数据）。

表 8-17　近视眼镜购买时间与更换频率

购买时间	更换频率					总计
	半年换一次	一年换一次	两年换一次	三年换一次	三年以上换一次	
2022 年	6	8	10	6	2	32
2021 年	0	10	10	6	2	28
2020 年	0	0	40	10	5	55
2019 年	0	0	0	30	5	35
2019 年以前	0	0	0	0	10	10
总计						160

表 8-18　隐形眼镜产品类型与年更换数量

产品类型	年更换数量（副）
日抛	89
双周抛	45
月抛	34
季抛	16
半年抛	10
年抛	5

最后，阐明列表分析的方法，获得所需信息（2022 年 A 高校现有眼镜市场容量）。

1. 近视眼镜、远视眼镜、太阳眼镜和防辐射眼镜市场容量

以近视眼镜为例，通过相关计算可获得近视眼镜市场容量。设 2022 年、2021 年、2020 年、2019 年及 2019 年以前购买近视眼镜的消费者在 2022 年的眼镜需求量分别为 D_{22}、D_{21}、D_{20}、D_{19}、D_{19} 以前，则：

2022年近视眼镜总需求=D22+D21+D20+D19+D19以前

D22=半年换一次的人数×2+一年换一次的人数+两年换一次的人数+三年换一次的人数+三年以上换一次的人数=6×2+8+10+6+2=38（副）（以上都是2022年购买眼镜的）

D21=一年换一次的人数=10（副）（以上都是2021年购买眼镜的）

D20=两年换一次的人数=40（副）（以上都是2020年购买眼镜的）

D19=三年换一次的人数=30（副）（以上都是2019年购买眼镜的）

D19以前=三年以上换一次的人数=10（副）（以上都是2019年以前购买眼镜的）

在250个样本中，2022年A高校近视眼镜总需求=38+10+40+30+10=128（副）

已知有效问卷总数为250份，全校学生总数为11 320，则2022年A高校近视眼镜总需求为

$$（128/250）×11320=5795（副）$$

远视眼镜、太阳眼镜和防辐射眼镜的市场容量也可按照此方法得出，在此不再赘述。

2. 隐形眼镜市场容量

我们可根据表8-18中各类隐形眼镜年更换数量及有效问卷份数（250份），计算出2022年A高校各类隐形眼镜的市场容量。具体如下。

日抛产品需求量=（89/250）×11320=4029（只）

双周抛产品需求量=（45/250）×11320=2037（只）

月抛产品需求量=（34/250）×11320=1539（只）

季抛产品需求量=（16/250）×11320=724（只）

半年抛产品需求量=（10/250）×11320=452（只）

年抛产品需求量=（5/250）×11320=226（只）

二、对问卷进行列表分析，获取A高校未来一年潜在眼镜市场容量信息

从问卷中以下问题可获取A高校未来一年潜在眼镜市场容量信息。

Q1a.您是否配戴眼镜？

1□是（选1，问Q2）　　　　　　2□否（选2，问1b）

Q1b.您现在不佩戴眼镜，近一年内购买眼镜吗？

1□购买（选1，问Q1c）　　　　　2□不购买（选2，终止访问）

Q1c.您近一年内准备购买什么类型的眼镜？

1□近视眼镜　　　　2□防辐射眼镜

3□远视眼镜　　　　4□太阳眼镜

5□隐形眼镜　（□日抛　□双周抛　□月抛　□季抛　□半年抛　□年抛）

Q1d.您近一年准备购买多少副眼镜？

_____

通过Q1a和Q1b两个问题，我们得出，现在不佩戴眼镜但近一年内准备购买眼镜的学生人数为40人，然后根据40人对Q1c、Q1d的回答，进行双向交叉列表，如表8-19所示。

表8-19　将来购买眼镜类型与购买数量

将来购买眼镜类型		购买数量（副）
框架眼镜	近视眼镜	16
	太阳眼镜	5
	远视眼镜	2
	防辐射眼镜	5
隐形眼镜	日抛	20
	双周抛	10
	月抛	6
	季抛	4
	半年抛	2
	年抛	0

由此得出：

近视眼镜近一年潜在市场容量为

（16/250）×11320＝724（副）

太阳眼镜近一年潜在市场容量为

（5/250）×11320＝226（副）

远视眼镜近一年潜在市场容量为

（2/250）×11320＝90（副）

防辐射眼镜近一年潜在市场容量为

（5/250）×11320＝226（副）

隐形眼镜近一年潜在市场容量为

日抛产品＝（20/250）×11320＝905（只）

双周抛产品＝（10/250）×11320＝452（只）

月抛产品＝（6/250）×11320＝271（只）

季抛产品=（4/250）×11320=181（只）

半年抛产品=（2/250）×11320=90（只）

年抛产品=（0/250）×11320=0（只）

三、对问卷进行列表分析，获取各类型眼镜的产品项目结构及品牌结构信息

首先，问卷中可获取各类型眼镜的产品项目结构和隐形眼镜品牌结构信息的问题如下。

Q2.您佩戴什么类型的眼镜？

1□近视眼镜　　　　2□防辐射眼镜

3□远视眼镜　　　　4□太阳眼镜　　　　5□隐形眼镜

Q3.您佩戴的框架眼镜是什么材质的？（请选择相应的镜架和镜片）

镜架：1□金属架　　2□塑料架　　　　3□金属塑料混合架

镜片：1□玻璃镜片　2□树脂镜片　　　3□PC镜片

Q6.您佩戴什么类型的隐形眼镜？

1□日抛　　　　　　2□双周抛　　　　3□月抛

4□季抛　　　　　　5□半年抛　　　　6□年抛

Q7.您现在佩戴的隐形眼镜是什么品牌的？

1□视康　　　　2□博士伦　　　　3□卫康　　　　4□库博

5□强生　　　　6□海昌　　　　　7□其他_____

其次，对Q2、Q3中框架眼镜类型、眼镜材质进行三向交叉列表，可获取各类框架眼镜产品项目结构信息，对Q6、Q7进行单因素列表，可获取隐形眼镜的产品项目结构及品牌结构信息，如表8-20、表8-21所示（附带数据）。

表8-20　框架眼镜的产品项目结构

眼镜类型	金属架			塑料架			金属塑料混合架			总计
	玻璃	树脂	PC	玻璃	树脂	PC	玻璃	树脂	PC	
近视眼镜	45	35	20	35	20	10	20	10	5	200
太阳眼镜	3	2	2	2	2	1	2	1	0	15
防辐射眼镜	4	4	2	4	3	3	4	2	2	28
远视眼镜	2	1	0	1	1	0	1	0	0	5

表 8-21 隐形眼镜的产品项目结构及品牌结构

隐形眼镜类型	消费者选择数量	隐形眼镜品牌	消费者选择数量
日抛	9	博士伦	15
双周抛	10	强生	12
月抛	9	库博	8
季抛	9	视康	9
半年抛	8	卫康	8
年抛	5	海昌	6
		其他	5
总计	50	总计	50

最后，通过计算横向百分比，可以获得各类框架眼镜的产品项目结构信息。以近视眼镜为例，通过计算可知消费者佩戴金属架玻璃镜片、金属架树脂镜片等 9 个产品项目的比例分别为 22.5%，17.5%，10%，17.5%，10%，5%，10%，5%，2.5%。其他类型框架眼镜的产品项目结构计算方法相同，在此省略。

通过计算纵向百分比，可获得隐形眼镜的产品项目结构及品牌结构信息。隐形眼镜中日抛、双周抛、月抛、季抛、半年抛、年抛的比例分别是 18%，20%，18%，18%，16%，10%，隐形眼镜中博士伦、强生、库博、视康、卫康、海昌、其他品牌的佩戴比例分别是 30%，24%，16%，18%，16%，12%，10%。

四、对问卷进行列表分析，获取眼镜消费者行为信息

消费者购买行为涉及购买者（Who）、购买什么（What）、为什么购买（Why）、给谁使用（For Whom）、何时购买（When）、何地购买（Where）、如何购买（How）等。问卷中 Q9~Q16 及 Q19~Q21 都涉及消费者购买行为的相关信息，具体如下。

Q9.您购买眼镜的目的是（可多选）

1□矫正视力　　　2□提高视力　　　3□塑造形象

4□护眼保健　　　5□其他_____

Q10.您什么时候购买眼镜？（可多选）

1□节假日　　　　2□开学初

3□眼镜店促销时　4□需要购买眼镜时

Q11.您从哪儿获取眼镜的销售信息？（可多选）

1□熟人介绍　　　2□促销传单　　　3□店面广告

4□媒体广告　　　　5□网络等新媒体　　6□其他（请注明）_____

Q12.下列因素是购买眼镜时的考虑因素，请您按照重要程度进行排序（最重要选项写上1，次重要选项写上2，其他依次类推）

□品牌　　　　　　□质量　　　　　　□价格

□款式　　　　　　□服务　　　　　　□舒适度

Q13.您在哪儿购买眼镜？（选1，不问Q15）

1□宝岛眼镜店　　　2□学士眼镜店　　　3□吴良材眼镜店

4□浙北大厦眼镜店　5□新华书店眼镜店　6□精益眼镜店

7□保视康眼镜店　　8□家乡的眼镜店　　9□其他场所（请注明）_____

Q14.您在该眼镜店购买眼镜的主要原因是

1□品牌知名度高　　2□眼镜质量好　　　3□价格实惠

4□眼镜款式新　　　5□服务好

6□其他（请注明）_____

Q15.您为什么不在宝岛眼镜店购买眼镜？

_____

_____

Q16.您购买的眼镜价格是多少？

1□300元以下　　2□300～500元　　3□501～700元　　4□700元以上

Q19.您的性别是　　　1□男性　　　　2□女性

Q20.您属于哪个年级的学生？

1□大一　　　　　　2□大二　　　　　　3□大三

Q21.您的月开支是

1□1500元以下　　　2□1500～2000元

3□2001～2500元　　4□2500元以上

1. 将Q2与Q9中的眼镜类型与购买眼镜的目的进行双向交叉列表，如表8-22所示（不带数据，下同）

表8-22　眼镜类型与购买眼镜的目的（横向百分比）

眼镜类型	购买眼镜的目的					
	矫正视力	提高视力	塑造形象	护眼保健	其他	总计
近视眼镜						
太阳眼镜						

续表

眼镜类型	购买眼镜的目的					
	矫正视力	提高视力	塑造形象	护眼保健	其他	总计
防辐射眼镜						
远视眼镜						
隐形眼镜						

通过计算各类眼镜购买目的横向百分比，可知消费者购买各类眼镜的目的，该信息可以帮助宝岛眼镜店根据消费者需求开展营销活动。

2. 将 Q10、Q11 进行单因素列表，如表 8-23、表 8-24 所示

表 8-23　眼镜购买时间（纵向百分比）

购买时间	消费者选择程度
节假日	
开学初	
眼镜店促销时	
需要购买眼镜时	
总计	

表 8-24　眼镜销售信息来源分类（纵向百分比）

销售信息来源	消费者选择程度
熟人介绍	
促销传单	
店面广告	
媒体广告	
网络等新媒体	
其他	
总计	

通过计算眼镜购买时间纵向百分比，可知消费者的购买时间分布特征（是集中还是分散），宝岛眼镜店据此做好资源安排；通过计算销售信息来源纵向百分比，可知消费者获取眼镜销售信息来源的结构，宝岛眼镜店据此选择合理的广告媒体。

3. 将 Q2 与 Q12 进行双向交叉列表（见表 8-25）

表 8-25　眼镜类型与决策考虑因素（横向百分比）

眼镜类型	决策考虑因素						
	品牌	质量	价格	款式	服务	舒适度	总计
近视眼镜							
太阳眼镜							

续表

眼镜类型	决策考虑因素						
	品牌	质量	价格	款式	服务	舒适度	总计
隐形眼镜							
远视眼镜							
防辐射眼镜							

通过计算消费者购买不同眼镜的决策考虑因素的横向百分比，可知消费者购买各类眼镜的决策考虑因素的区别，宝岛眼镜店据此可明确各类眼镜的推销策略。

4. 将Q13与Q20中的购买地点、年级进行双向交叉列表（见表8-26）

表8-26　眼镜购买地点与年级（纵向百分比、横向百分比）

购买地点	年级			
	大一	大二	大三	总计
吴良材				
学士				
精益				
浙北大厦				
新华书店				
保视康				
宝岛				
家乡				
其他				
总计				

通过计算大一、大二、大三学生购买地点的纵向百分比，可知大一、大二、大三学生购买地点的区别，通过计算各个眼镜店的横向百分比，可知各个眼镜店目标顾客在A高校的年级分布。

5. 将Q13与Q14中的眼镜购买地点、购买原因进行双向交叉列表（见表8-27）

表8-27　眼镜购买地点与购买原因（横向百分比）

购买地点	购买原因						
	品牌知名度高	眼镜质量好	价格实惠	眼镜款式新	服务好	其他	总计
吴良材							
学士							
精益							
浙北大厦							
新华书店							

续表

购买地点	购买原因						
	品牌知名度高	眼镜质量好	价格实惠	眼镜款式新	服务好	其他	总计
保视康							
宝岛							
家乡							
其他							

通过计算顾客在各眼镜店购买原因的横向百分比，可知消费者购买决策过程中的关键评价标准。

6. 将 Q13 与 Q16 中的眼镜购买地点、购买价格进行双向交叉列表（见表 8-28）

表 8-28　眼镜购买地点与购买价格（横向百分比、纵向百分比）

购买地点	购买价格				
	300 元以下	300～500 元	501～700 元	700 元以上	总计
吴良材					
学士					
精益					
浙北大厦					
新华书店					
保视康					
宝岛					
家乡					
其他					
总计					

通过计算顾客在各眼镜店的购买价格的横向百分比，可知各眼镜店产品价格带分布特征，进而可知各眼镜店针对 A 高校学生的定价策略；通过计算各种价位眼镜的纵向百分比，可知各眼镜店在 A 高校各种价位眼镜市场中的顾客份额。

7. 将 Q2 与 Q16 中的眼镜类型、购买价格进行双向交叉列表（见表 8-29）

表 8-29　眼镜类型与购买价格（横向百分比）

眼镜类型	购买价格				
	300 元以下	300～500 元	501～700 元	700 元以上	总计
近视眼镜					
太阳眼镜					
隐形眼镜					

续表

眼镜类型	购买价格				
	300元以下	300～500元	501～700元	700元以上	总计
远视眼镜					
防辐射眼镜					

通过计算各类眼镜购买价格的横向百分比，可知A高校市场中各类眼镜的价格带分布特征，为宝岛眼镜店给各类眼镜定价提供参考。

8. 将Q16与Q21中的眼镜购买价格、月开支进行双向交叉列表（见表8-30）

表8-30　眼镜购买价格与月开支（横向百分比、纵向百分比）

月开支	眼镜购买价格				
	300元以下	200～500元	501～700元	700元以上	总计
1500元以下					
1500～2000元					
2001～2500元					
2500元以上					
总计					

通过计算各类月开支学生的眼镜购买价格的横向百分比，可知不同月开支学生购买眼镜的价格差异，宝岛眼镜店据此可针对不同月开支的学生采取不同的定价；通过计算各类眼镜购买价格的纵向百分比，可知各类月开支学生在A高校各类价位眼镜市场中的占有率，宝岛眼镜店据此可确定自己的目标顾客。

五、对问卷进行列表分析，获取竞争对手的信息

竞争对手的信息涉及消费者对各眼镜店的总体评价，问卷中Q17涉及竞争对手的信息。具体问题见项目四课外调研实战项目详解。

对Q17中眼镜店评价指标、评价结果进行双向交叉列表（见表8-31）

表8-31　眼镜店评价指标与评价结果（纵向百分比）

宝岛与其他眼镜店对比结果	品牌知名度	产品质量	产品款式	产品价格	服务质量	硬件设施
优于学士						
次于学士						
总计						
优于吴良材						

续表

宝岛与其他眼镜店对比结果	品牌知名度	产品质量	产品款式	产品价格	服务质量	硬件设施
次于吴良材						
总计						
优于浙北大厦						
次于浙北大厦						
总计						
优于新华书店						
次于新华书店						
总计						
优于精益						
次于精益						
总计						
优于保视康						
次于保视康						
总计						
优于家乡						
次于家乡						
总计						

通过计算宝岛眼镜店与其他眼镜店在评价指标上对比的纵向百分比，可知宝岛眼镜店在哪些评价指标上胜过哪些竞争对手，在哪些评价指标上弱于哪些竞争对手。

六、不去宝岛眼镜店购买眼镜的原因及顾客建议

1. 对 Q15、Q20 中不去宝岛眼镜店购买眼镜的原因、年级进行双向交叉列表（见表 8-32）

表 8-32　不去宝岛眼镜店购买眼镜的原因与年级（纵向百分比）

不去宝岛眼镜店购买眼镜的原因	年级		
	大一	大二	大三
总计			

通过计算大一、大二、大三学生不去宝岛眼镜店购买眼镜原因的纵向百分比，可知大一、大二、大三学生不去宝岛眼镜店购买眼镜的原因及区别，为宝岛眼镜店针对大一、大二、大三学生开展区别性营销活动提供信息。

2. 对 Q18 中顾客建议进行单因素列表

顾客建议如表 8-33 所示，问题见项目四课外调研实战项目详解。

表 8-33　顾客建议（纵向百分比）

顾客建议	被调查者选择数量
总计	

通过计算顾客建议的纵向百分比，可知顾客有哪些主要意见，为宝岛眼镜店改进工作提供信息。

项目九

撰写营销调研报告

知识目标

1. 了解调研报告的结构和内容。
2. 理解调研报告的撰写原则和方法。
3. 了解调研报告的撰写技巧和口头报告的演示技巧。

技能目标

1. 能够依托真实调研项目撰写调研报告。
2. 能以演示文稿为辅助工具进行口头报告。
3. 能对调研报告效果进行评价。

训练路径

1. 通过学习著名调研公司的调研报告，增进对调研报告的理解及模仿运用。
2. 根据给定材料，独立撰写一份调研报告。
3. 制作调研报告的演示文稿，并进行口头报告。

引导案例

湖州市新市民住房问题调研报告（节选整理）

目录（略）

引言

随着湖州市经济的快速发展，越来越多的外来人口涌入和人才新政出台，新市民的住房问题越来越突出，为了更好地了解新市民住房需求，千方百计引人、留人，就要解决新市民住房问题，根据住建部《关于在全行业组织开展新市民住房问题专题调研的通知》要求，湖州市住房公积金管理中心与国家统计局湖州市调查队于2021年4月中旬开展了本次湖州市新市民住房问题调研。

一、调研对象和范围

新市民住房问题调研以在城镇居住6个月以上的16～60周岁常住人口中，外市户籍（含外市城镇户籍和外市农村户籍）和本市农村户籍的新市民为对象。本次调研选取的县（区）为吴兴区，受访对象为现居湖州市吴兴区8个乡镇（街道）的新市民（包括户籍在湖州市以外、但居住在吴兴区，本市除吴兴区外的农村户籍、但常住吴兴区，且居住满半年以上的外来流动人口）。

二、调研方法

采取访问调研法进行调研，通过填写调查问卷、探讨和征求相关意见建议，完成数据采集和政策梳理。

三、抽样方法

本项调研采用二阶段随机抽样方法，第一阶段采用分层PPS抽样方法，以吴兴区各乡镇外来人口暂住证发放登记名单（公安部门提供）作为抽样框，采用分层PPS抽样方法，抽取大、中、小企业53家和个体户。第二阶段采用等距抽样，在抽中的企业中，采用等距抽样抽取480人；在抽中的个体户中，采用等距抽样抽取120人；共抽取600个样本。

单个被调研企业新市民人数50人以上的，由调研人员在调查现场抽取10～12人；人数50人以下的，由调研人员在调查现场抽取6人；单个被调查个体户由调研人员在调查现场抽取1～3人，直至抽够调查样本数。抽取样本时性别、学历、岗位需按比例合理分配。每一层样本均采用等距抽样抽取。

四、调研的组织实施

湖州市新市民调研由湖州市公积金管理中心组织协调，国家统计局湖州调查队具体实施调研，吴兴区各乡镇派人参与配合现场调查。国家统计局湖州市调查队聘请××师范学院学生为调研员，队专业骨干为调查组长，分6个调研小组开展调研。为及时了解、掌握和解决调研工作中出现的问题，湖州市调查队组织调研督导组，由队领导带队对调研工作进行督导检查和事后质量抽查。若发现调研过程中有干扰正常调研秩序、弄虚作假并导致调研结果严重失实的行为，则调研结果无效，并重新组织调研。

五、调研结果

（一）新市民基本情况（略）

（二）新市民住房状况

1. 居住形式（独居、合居、混居）

湖州市新市民独居和混居都占少数，绝大多数还是合居。这是因为新市民的生活基础日趋稳固，生活水平也有所提高，大多数拉家带口，孩子就读当地的民工学校，大人务工养家糊口，需要有一定的居住条件。另外，用工单位为了留住熟练的务工人员，越来越重视改善务工人员的居住条件，在单位内部直接解决务工人员的住宿问题，实行集中住宿。

2. 住房来源（购买、租赁、借住、单位宿舍等）

目前，湖州市新市民的住房来源渠道多元，既有自有，又有租赁和单位宿舍，还有非亲属提供，其中租赁和单位宿舍占比较高。从公安部门数据来看，居住在租赁房屋、单位内部、居民家中、工地现场的最多，分别为613 906人、357 871人、76 904人、51 297人，分别占总流动人口的52.93%、30.85%、6.63%、4.42%。

另据调查数据显示，601位新市民目前居住住房的获取渠道中，属于家庭成员自有的68人，占11.3%；租赁的221人，占36.8%；免费居住的312人，占51.9%。租赁住房及免费居住家庭的住房来源中，由单位提供的335人，占62.9%；由非亲属提供的191人，占35.8%；由父母、子女等亲属提供的7人，占1.3%。

3. 住房类型（商品房、共有产权住房、经济适用房、房改房、公租房、廉租房、市场租赁住房等）

湖州市新市民自主拥有住房比例偏低，调查数据显示，601位新市民中，在本地城镇地区拥有住房的家庭 95 个，占 15.8%；在本地城镇地区拥有多套住房的家庭 12 个，占 2.0%。其拥有的住宅平均建筑面积 126.3 平方米。这些住宅的权属：属于商品房的 66 套，占 61.8%；集体土地上宅基地住房 13 套，占 12.5%；小产权房 8 套，占 12.4%；政策性住房 4 套，占 3.8%；使用权住房 3 套，占 2.9%；已购公房 1 套，占 1.0%；其他属性房 11 套，占 5.8%。

4. 居住环境（居住面积、住房位置等）

湖州市新市民对居住环境需求主要以满足子女教育的学区房为主，对居住面积希望以满足居住为主，如 90～120 平方米的户型，另据调查数据显示，在住房位置方面，目前居住在城乡接合部的有 100 人，占受访总人数的 16.6%；居住在乡镇的有 501 人，占 83.4%，在居住面积上，普遍居住面积较小。

（三）新市民住房需求及制约因素

1. 留城意愿

由于近年来经济快速发展，政策、区位、产业和文化优势叠加，湖州市正在成为杭州大湾区核心节点城市，吸引了大量外来人口入湖州市就业、创业。调查数据显示，601 位新市民所在家庭平均已定居湖州市吴兴的时间为 7.8 年。对于未来计划定居时间，选择 1 年内的 7 人，占 1.2%；1～2 年的 30 人，占 5.0%；2～5 年的 74 人，占 12.3%；5 年以上的 193 人，占 32.1%；不清楚的 297 人，占 49.4%。在定居原因方面，调查数据显示，为了子女教育的 12 人，占 2.0%；为了就业创业的 572 人，占 95.2%；为了养老的 2 人，占 0.3%；为了医疗的 2 人，占 0.3%；其他原因的 13 人，占 2.2%。

2. 购房需求

湖州市新市民自主拥有住房比例不高，存在购房需求，由于难以筹集首付、工作地点不稳定等原因，短期内购房人数占比不高，但是计划购房中贷款需求比例很高。调查数据显示，在 601 位受访者中，计划未来两年内在湖州市购房的 138 人，占 23.0%。计划购房的主要原因中，"为子女教育，购买学区房"的 53 人，占 38.4%；"以前无房，用于居住"的 49 人，占 35.5%；"用于结婚"的 12 人，占 8.6%。计划购房的平均面积为 112 平方米，平均计划购房总价为 91.33 万元。其中，有购房贷款需求的 130 人，占 93.6%，家庭平均计划房贷总额为 48.70 万元。

对于计划购房的首付来源，他人赠予的 25 人；家庭积累的 116 人；贷款的 14 人；民间借贷的 4 人，如图 9-1 所示。

限制湖州市新市民立即购房的主要原因中，"没钱付首付"的 57 人，占 41.0%；"没找到合适房源"的30人,占21.6%;"不急于购房"的27人,占19.4%。另外463位受访者两年内不计划买房主要的限制原因中,"没钱付首付"的130人,占28.1%;"已经拥有住房"的100人,占21.6%;"不急于购房"的93人,占20.1%;"工作地点不稳定"的87人,占18.8%。

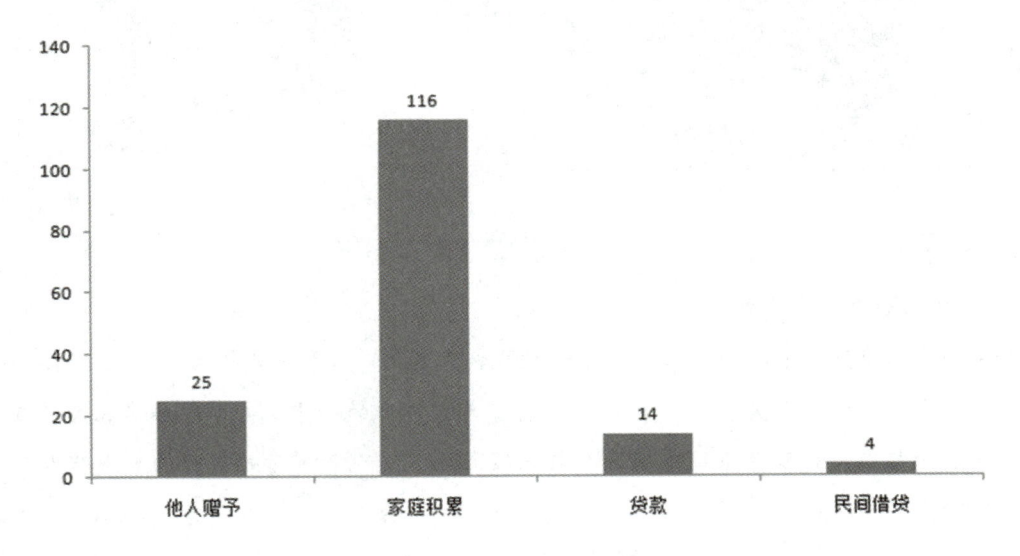

图9-1 计划购房的首付来源

3. 租赁需求

湖州市新市民未来两年因为子女教育、居住便利等原因,存在租房需求,但是租房贷款意愿不强。调查数据显示,在221位目前租房的受访者中,家庭未来两年有更换租住房屋计划的53人,更换租住房屋的主要原因中,"为了子女教育,租住学区房"的14人,占26.4%;"自有住房离工作地太远"的16人,占30.2%;其他原因的23人,占43.4%。计划更换租房的平均面积为84.2平方米,计划更换租住房屋的家庭平均期望月租金为3056元。有租房贷款需求的3人,占5.7%。

(四)租购住房制约因素(略)

(五)新市民住房公积金建立情况

1. 对住房公积金的认知程度

住房公积金缴存意愿偏低,政策认识不够。湖州市新居民由于不同原因导致住房公积金缴存意愿不够强烈,缴存能力不高。调查数据显示,在暂未缴存公积金的443人中,只有167人(占37.7%)有缴存意愿,人均缴存能力(愿意每月缴存的住房公积金金额)为880元,如图9-2所示。

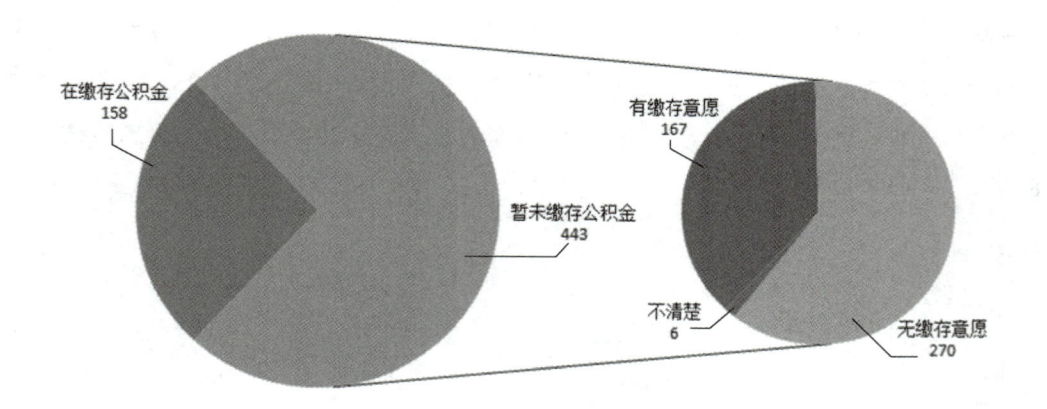

图 9-2　公积金缴存情况及缴存意愿情况

2. 缴存住房公积金情况

湖州市新市民住房公积金缴存率偏低且月缴存不高、人员流动性大。截至 2018 年 3 月，湖州市有效缴存人数 38.4 万人，经把公安部门调取的新市民名单以姓名和身份证信息为识别码与当前公积金系统中缴存人数相匹配后，发现全市有效缴存人数中非本市户籍的新市民 9.4 万人，占有效缴存人数的 24.5%，这部分人平均缴存额为 7.15 万元，平均缴存时间为 60 个月，均低于全市平均水平。另据调查数据显示，601 位新市民中，目前缴存住房公积金的 158 人，占 26.3%。

3. 使用住房公积金贷款情况

湖州市新市民使用住房公积金贷款人数偏少，但户均贷款金额高于全市平均水平。截至 2018 年 3 月，湖州市使用公积金贷款的新市民 38 455 人，发放贷款金额 107.98 亿元，户均贷款 34 万元，说明新市民群体中能在湖州市购房的均为高收入人群。另据调查显示，601 个访问对象中，使用过公积金贷款的 86 人，占 14.3%。

4. 提取住房公积金情况

湖州市新市民提取住房公积金人数偏少，主要为还贷款提取。截至 2018 年 3 月，已办理提取的人数 53 874 人，提取金额 33.93 亿元。另据调查数据显示，601 位新市民中，提取过住房公积金的 120 人，占 19.9%（见图 9-3）。

5. 缴存但未使用住房公积金原因

通过本次调查发现，新市民缴存但未使用住房公积金主要原因中，开发商（卖方）拒绝公积金贷款的有 5 人，占比 29.4%；公积金贷款额度低的有 5 人，占比 29.4%；其他原因（包括购房时没有缴存公积金、购房时公积金未全国联网、购房时不清楚公积金的政策等）的有 7 人，占比 41.2%（见图 9-4）。

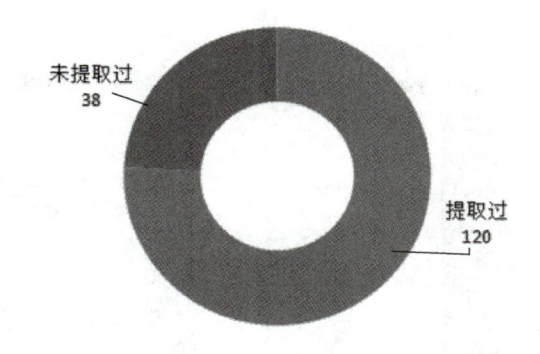

图 9-3　住房公积金缴存者的提取情况

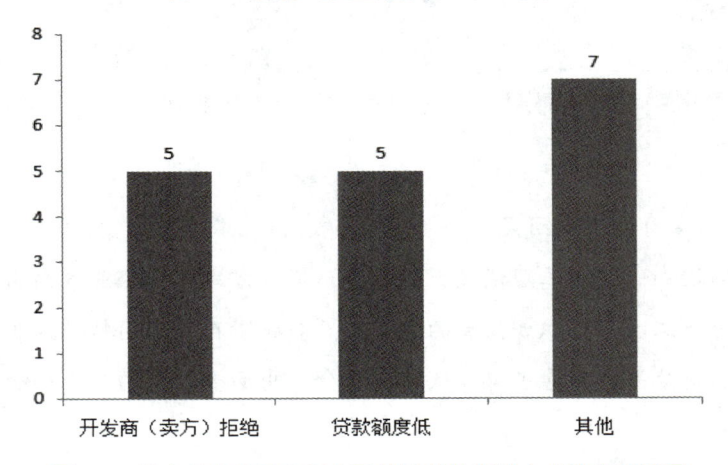

图 9-4　缴存者未使用公积金而使用其他贷款方式购房的原因

6. 未缴存住房公积金原因

通过本次调查发现在暂未缴存住房公积金的人群中，暂未缴存的主要原因中，"单位不给缴"的 140 人，占 31.6%；"对住房公积金缴存、提取、贷款等方面不了解"的 124 人，占 28.4%；"近期没有购房计划，不需要公积金"的 63 人，占 14.2%；"个体工商户不建立住房公积金"的 45 人，占 10.1%。

7. 对住房公积金缴存和使用的意见

在本次调查中发现，公积金贷款的额度、贷款的允许提取范围、办理手续的便捷度和审批完成时间是新市民对于住房公积金关注和希望得到改进的几个方面。认为"最高贷款额度不足"的 49 人，占提出意见人数的 35.8%；"提取手续烦琐"的 48 人，占 35.0%；"提取范围较窄"的 43 人，占 31.4%；"贷款手续烦琐"的 40 人，占 29.2%；"提取审批时间长"的 34 人，占 24.8%；"贷款审批时间长"的 34 人，占 24.8%（见图 9-5）。

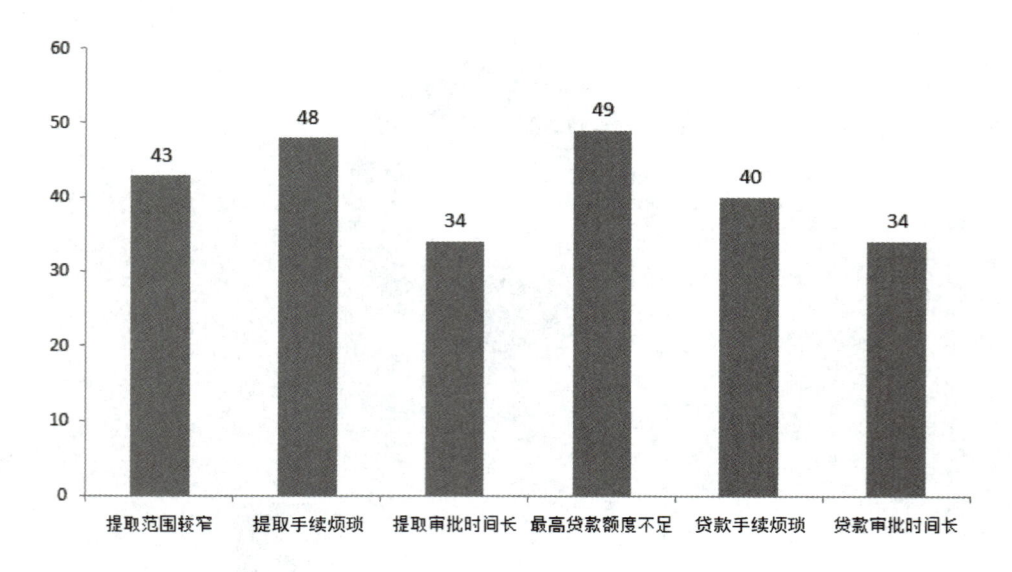

图 9-5　对住房公积金缴存和使用的意见

柱状图数据：
- 提取范围较窄：43
- 提取手续烦琐：48
- 提取审批时间长：34
- 最高贷款额度不足：49
- 贷款手续烦琐：40
- 贷款审批时间长：34

8. 影响自愿缴存的主要因素

在调查中通过和一些单位座谈发现，在自愿缴存方式下，企业方面出于成本、利益考虑多数不会为职工缴存公积金，有的企业甚至会将缴存的费用转嫁到职工头上。职工方面出于对公积金政策的不甚了解和认为公积金使用面受限制的双重影响对自愿缴存也不是很积极。

（六）解决新市民住房问题的政策建议（略）

（资料来源：湖州市住房公积金管理中心）

▶ 案例启示

这是浙江省湖州市在 2021 年 8 月发布的调研报告。作为一项经过精心策划的调研活动，只有将最终的调研结果展示出来，才能给消费者、企业、政府部门提供所需的信息，为相关部门的管理者和决策者提供决策依据。

湖州市新市民住房问题调研报告是反映调研过程和结果的一份书面报告。在这份报告里有报告标题和目录，有调研方法的说明、内容摘要、正文的分析结论及图表。从报告的内容看，既有文字叙述，又有图表说明；既有对总体概况阐述，又有分类表达；既有数量指标的分析，又有定性的结论。报告图文并茂、逻辑清晰、阐述透彻、通俗易懂。

虽然调研报告的形式多种多样，但是好的营销调研报告都有其共通的地方。那么，调研报告的结构和内容大致包含哪些？应该按照什么步骤来撰写？写作书面调研报告应该遵循什么原则？应该掌握哪些写作技巧？

任务一　调研报告的格式和撰写要求

一、调研报告的含义

调研报告是调研人员针对市场某一特定问题进行深入细致的调查研究后所撰写的书面报告。调研报告主要通过文字、数据分析、图表等形式将调研结果表现出来，是调研活动的最终成果。一份优秀的调研报告可以全面系统地反映调研问题的结果，为企业制定决策提供科学依据。同时，调研报告是对调研过程的全面总结，是用户评价调研活动的重要依据。

二、调研报告的格式

调研报告的格式因项目和读者的不同而有所差异，但是，大多数规范的调研报告都有基本结构，即包括开头、正文和附录。

（一）开头

开头包括封面、目录和摘要。

1. 封面

封面应包括报告标题、调研报告的撰写单位、调研报告的委托单位、报告日期。调研报告封面例子如图 9-6 所示。

××市家纺市场品牌竞争状况分析报告

委托单位：××市丝绸之路家纺有限公司

调研机构：××市福布斯营销策划公司

报告日期：2022 年 3 月

图 9-6　封面格式

2. 目录

目录有助于读者快速查阅特定内容。目录将调研报告的内容大纲按其出现的顺序列出，并标明其出现的页码，示例如下。

××市家纺市场消费者行为调研报告目录

引言 1
一、调研背景 2
二、调研目的 2
三、调研方法 3
四、执行过程 4
五、调研结果 5
六、结论和建议 18

---

3. 摘要

摘要是对调研报告的高度概括和总结。读者往往最先阅读这一部分。摘要一般包括四个方面内容：一是明确指出调研的目的；二是简要指出调研时间、地点、对象、范围及主要项目；三是简要介绍调研实施的方法、手段；四是调研中的主要结论和建议。摘要的篇幅一般不超过一页，语言应简洁、通俗，避免生僻的专业术语。

（二）正文

正文是调研报告的主要部分，它包含了从调查开始到调查结束的全部重要信息。正文一般包括以下几个方面。

1. 引言

引言是市场调研报告正文的前置部分，一般应交代调研背景、调研目的等内容。这部分内容要写得简明扼要、精练概括，切忌冗长。

引言（××市家纺市场消费者行为调研报告）

丝绸之路浙江家纺公司是一家生产和销售高档家纺产品的企业，其产品主要销往北京、上海等大城市。近年来大城市家纺市场已经饱和，公司决定进一步开拓××市家纺市场，为此委托××市 A 高校营销教研室开展相关调查。营销教研室经研究后认为，要开拓××市家纺市场，必须了解××市家纺消费者的需求情况、家纺消费行为特征、××市家纺市场的竞争状况等信息。在得到浙江家纺公司的认同后，营销教研室组织市场营销专业 2020 级学生于 2021 年 11 月 12 日—26 日开展相关调查活动。

2. 调研方法

（1）调研对象和范围。调研对象是被明确界定为有资格接受调研的被访者。调研范围是调研的空间范围。

（2）调研技术。它是指一手资料或二手资料的采集方法，例如，一手资料的采集方法包括询问法、观察法、实验法等。

（3）抽样方法。其包括调研总体是什么；抽样框如何确定；样本容量是多少；选取何种抽样方法及具体的抽样步骤。

（4）调研实施。阐述调研人员的培训、调研的实施步骤、调研质量控制及管理办法。

（5）分析方法。说明所使用的分析工具和具体的统计分析方法。

3. 调研结果

调研结果在正文中占有较大篇幅，应按照某种逻辑顺序，采用各种统计图表来描述调查资料所显示的调研结果。

4. 结论和建议

结论是对正文部分调研结果的进一步总结。建议是以结论为基础提出的可采取的措施或具体行动步骤。结论和建议与正文部分的分析论证要紧密对应，不可以提出无证据的结论。

下面是"××市男士护肤霜市场调研报告"正文部分的例子。

××市男士护肤霜市场调研报告（正文）

二、研究的基本情况

（一）研究目的及内容

（1）了解消费者对男士护肤霜的消费现状。

（2）探究男士护肤霜消费者的消费心理、动机及其消费行为特点。

（3）了解消费者对本公司新产品——男士护肤霜的接受程度。

（二）调研进行情况

本次调研历时 17 天（2019/4/15～2019/5/1）。调查的范围是 A 市市区，被访者定义为其亲戚朋友不在化妆品公司或广告公司工作，而且年龄在 20～50 岁，衣着讲究的男士。根据我公司新产品开发的特点及前期的假设定位，选取街头拦截式访问调查点 9 个，其中××区 2 个，××区 1 个，××区 1 个，××区 1 个，××区 2 个，××区 2 个。

此次调研发放问卷 320 份，收回有效问卷 295 份，问卷有效率为 92.2%，调研实施过程自始至终都进行了严格的质量控制，并对完成的问卷进行了 100% 的一审、二审复核，数据录入后进行了 10% 的复核。

数据处理和制图、制表使用 SPSS 和 Excel 软件。

（三）调研对象基本情况

被访者年龄主要集中在 20～40 岁，约占被访者总量的 92%，其中 26～35 岁的被访者占 58%。（图略）

被访者职业分布主要以一般职工、个体工商业者和企业管理人员居多。（图略）

本次调研对象的家庭平均月收入相对较高，7000 元以上的约占 49%，8000 元以上的约占 21%。（图略）

三、结果分析

（一）消费者消费男士护肤霜的状况分析（略）

（二）男士护肤霜的消费特征（略）

（三）被访者对本公司新产品开发的接受程度（略）

四、结论和建议（略）

（三）附录

附录是指各种与调研有关的文件或技术性较强的专业资料等。它是调研报告论证、说明和分析的基本依据。每份附录都有相应编号，以便感兴趣的读者查阅。附录通常包括调查问卷、被访者名单、抽样调查的详细抽样步骤及资料、各种统计图表等。

三、撰写调研报告的基本要求

（一）实事求是

实事求是是撰写调研报告的第一原则，调研报告必须真实、准确，不能有任何虚假内容。撰写调研报告虽然要重视读者的信息需要，但并不意味着要迎合他们的胃口，挑他们喜欢的材料编写。

（二）重点突出

调研报告的内容编排应围绕调研主题，重点突出调研目标的完成情况。对重要的问题，要占用较大的篇幅进行重点说明；对次要的问题，可以一带而过，不可占用过多篇幅。

（三）文字通俗易懂

调研报告的行文要简明扼要、通俗易懂，避免使用抽象晦涩的文字，专业性较强的术语也尽量少用。此外，要充分利用统计图表，使枯燥的数据变得直观、形象，提高说服力。

（四）精心安排

首先，调研报告要根据调研目的和调研主题来安排整个调研报告的内容，调研报告内容必须全面反映调研主题的结果。其次，调研报告各部分之间应具有内在的逻辑性，能很好地激发和保持读者的阅读兴趣。

四、调研报告的撰写技巧

（一）文字表达技巧

调研报告的开头采取叙述的方式，即将调研背景、调研目的、调研对象、调研方法和过程简略地加以陈述。调研报告的正文应采取说明的方式，即用对比说明、图表说明、举例说明等技巧将研究对象现状、存在的问题、产生的原因及解决问题的办法解释清楚，使读者了解、认识和信服。说明中最好使用第三人称或非人称代词，尽量不用第一人称。

调研报告的结论采用归纳的方式，即从大量调研资料的分析中总结出调研结论。此外，调研报告的语言要严谨、精练、客观、通俗。

（二）数字和图表运用技巧

调研报告中会存在大量数据，为了避免调研报告中到处都是数字，可以采取大数字换算成小数字、间接推算数字等技巧将数字简化。调研报告中的图表也是不可缺少的。图表运用得好的话，比文字在说明市场现象、数量关系及其变化趋势上更具有优势。最常用的图表有条形图、饼状图和折线图等。首先，要根据数据所表达的主题，选用图表类型。例如，若数据所表示的关系是频率分布，则选择饼状图、条形图；若数据表示的是时间序列或相关性，则选择折线图。其次，图表的设计必须规范、准确。例如，使用饼状图时，应同时使用数字与数据标识；使用纵横轴的图形，纵轴表示频数或频率，数字位于左侧。图表中的标题、计量单位应准确标明，资料也要注明来源。

（三）精心设计报告外观

调研报告的外观与内容十分重要。现实生活中，调研报告的使用者们"以貌取物"的现象大量存在。这意味着报告使用者会把调研报告内容的组织、纸张质量、印刷格式等作为评判报告质量的参考标准。因此，设计调研报告的外观时要做到：采用高质量的纸张，打印、排版、印刷、装订均应规范化，装帧精美，翻阅方便。高质量的调研报告应该是集内容丰富与外观精美于一体的。

任务二　调研口头报告

一、调研口头报告的意义

在很多情况下，调研人员需要将调研结果向管理层或委托者做口头报告。口头报告可以使管理者或委托方在短期内了解调研报告的内容。同时，报告人员可以针对委托人提出的问题及时做出解答，还可强调报告中十分重要但容易被读者忽略的内容。因此，口头报告对于有关人士迅速掌握和理解报告内容具有重要作用。

二、调研口头报告的特点

（1）调研口头报告能用较短时间说明需要研究的问题；

（2）调研口头报告生动，具有感染力；

（3）调研口头报告互动性强，便于双方进行沟通；

（4）调研口头报告具有灵活性，可根据具体情况对报告内容、时间做必要调整。

三、调研口头报告的技巧

（1）根据报告对象的特点，准备调研口头报告的内容。报告人员要根据听众的特征来决定报告传递什么信息。企业高管对市场现状及相应对策感兴趣，而对调研中发现的细节资料则并不太感兴趣；中层管理人员对市场调查的每个环节都较熟悉，因此详细的报告对他们而言就很重要。

（2）制作演示文稿，增强报告效果。演示文稿以其良好的视觉效果给人以专业化的印象。制作演示文稿要对报告内容进行总结和概括，同时，借助图表、照片或录像等，增强演示文稿的报告效果。

（3）进行充分的练习。报告人员要进行充分的模拟练习，通过练习不断地修正报告的不足之处，增强报告人员的信心，同时可以掌握报告所需时间。

（4）报告时注重技巧。首先，报告人员要充满自信；其次，报告人员的语气要坚定，可配合眼神和手势来加深听众的印象；再次，要与听众保持目光接触，促使听众对报告产生信任；最后，在规定的时间内结束报告。

课后思考练习题

（1）调研报告的撰写要求和基本技巧有哪些？

（2）调研口头报告的技巧有哪些？

课外调研实战项目详解

撰写浙江省湖州市A高校眼镜市场的消费行为和竞争状况调研报告

调研报告封面

浙江省湖州市A高校眼镜市场的
消费行为和竞争状况调研报告

委托单位：湖州市宝岛眼镜有限公司
调研机构：湖州市A高校市场营销专业2021班
报告日期：2022年6月

目录（省略）

摘要

受湖州市宝岛眼镜公司委托，A高校市场营销教研室组织市场营销专业2021班开展了A高校眼镜市场消费者行为和竞争状况的调查。调研时间为2022年4月12日—19日，地点为A高校，调研对象为湖州市A高校佩戴眼镜和未佩戴但1年内要购买眼镜的全体在校学生。采取面谈访问法，通过访问员在寝室现场发放问卷的方式来获取相应资料。调查内容包括A高校眼镜存量和增量的市场规模及结构，A高校学生眼镜消费行为（包括谁购买眼镜、购买什么类型的眼镜、为什么购买眼镜、在哪儿获取眼镜信息、在哪儿购买眼镜、如何决策），A高校眼镜市场竞争状况（竞争数量、竞争优劣势）。

调研发现，2022 年 A 高校框架眼镜和隐形眼镜的存量市场规模分别为 7473 副、9007 只，而增量市场规模则分别为 1274 副、1899 只，存量市场中，近视眼镜占框架眼镜市场大部分，双周抛和月抛占隐形眼镜大部分，且以博士伦和强生品牌为主。在近视眼镜和远视眼镜市场中，金属架产品占比在 50% 以上，而在防辐射眼镜和太阳眼镜市场中，树脂架产品占比较高。

在购买眼镜的 A 高校学生中，女性和男性几乎各占一半。A 高校学生月开支在 1500～2500 元的占 48.2%，在 1500 元以下和 2500 元以上的分别占 13.4%，17%。虽然购买大部分近视眼镜、隐形眼镜及远视眼镜的 A 高校学生以矫正视力和提高视力为目的，但购买近视眼镜的 A 高校学生还兼顾塑造形象和护眼保健，而大部分购买隐形眼镜及远视眼镜的 A 高校学生没有兼顾性，防辐射眼镜购买者只为护眼保健。

大部分 A 高校学生是按需购买眼镜的，且是通过熟人介绍、店面广告和相关网站获取眼镜信息的。近视眼镜、远视眼镜和隐形眼镜购买决策考虑因素排在前列的都是质量、价格、舒适度，而防辐射眼镜和太阳眼镜则是舒适度、价格、服务。大部分 A 高校学生都在家乡的眼镜店（以下简称家乡）购买眼镜，五分之一的消费者在宝岛眼镜店（以下简称宝岛）购买眼镜。大部分 A 高校学生是出于对眼镜店品牌知名度、服务和产品质量的认可而购买其产品。在近视眼镜和远视眼镜市场中，绝大部分 A 高校学生都购买高价、中高价产品；在太阳眼镜市场中，高价和中低价产品各占一半；在防辐射眼镜市场中，高价、中高价、中低价产品各占三分之一；隐形眼镜市场全是低价产品。

大部分被调查者认为宝岛在品牌知名度、产品质量、产品款式、产品价格、服务质量、硬件设施方面优于绝大多数竞争对手，但认为家乡眼镜店在上述方面又优于宝岛。大部分被调查者不去宝岛的原因是不知道宝岛，少部分不去的原因是距离远。大多数被调查者对宝岛的建议是开展优惠活动和加大宣传，只有少部分建议宝岛提高产品质量和服务质量，增加款式等。

宝岛的经营重点是提高近视眼镜顾客对宝岛品牌的忠诚度，吸引太阳眼镜、防辐射眼镜和隐形眼镜新顾客。在产品策划上，首先要按眼镜产品项目的占比来采购各种产品项目，如采购近视眼镜产品时，基本上按 55% 的金属架、30% 的塑料架、15% 的混合架来采购近视眼镜。其次，要按照 A 高校学生购买眼镜的目的采购产品，例如，A 高校学生购买近视眼镜既有矫正视力、提高视力的目的，又有塑造形象、护眼保健的目的，所以，宝岛要选购具备上述多种功能的近视眼镜。在定价上，近视眼镜和远视眼镜定价以中、高价为主，兼顾低价；防辐射眼镜要采取高、中、低三种定价；太阳眼镜采取高、低两种定价；隐形眼镜全部采取低价。在广告宣传上，要强调眼镜产品质量好、品牌知名度高、舒适性好及价格实惠，广告媒体以店面招牌和网络为主，同时，强化老客户的口碑传播。在竞争策略上，宝岛要加大宣传，采取以旧换新的促销方式，吸引竞争对手的顾客更换眼镜，同时，持续保持宝岛在产品质量、价格、服务等方面的优势，吸引更多的新顾客。

正文

一、引言

浙江省湖州市宝岛眼镜公司是一家眼镜零售企业，有近20年的历史。公司坐落在湖州市A高校北门路口，其主要顾客是A高校全日制在校生。近年来A高校不断扩招，在校生人数不断增加，宝岛眼镜公司决定抓住机遇，进一步开拓A高校眼镜市场。为此，宝岛眼镜公司委托A高校市场营销专业2021班开展相关调查，为其开拓A高校眼镜市场提供营销决策信息。

二、调研概述

（一）调研目的

通过调查，获取湖州市A高校各类眼镜市场容量的信息；了解A高校学生眼镜消费行为规律；了解宝岛眼镜公司的这家店的相对优劣势，为宝岛眼镜公司的营销策划提供真实有效的依据，并为其开拓A高校眼镜市场提供科学指导。

（二）调研内容

（1）A高校眼镜的市场规模及结构：各类眼镜的存量市场规模及结构、增量市场规模及结构。

（2）A高校学生眼镜消费行为：购买眼镜的A高校学生、购买眼镜类型、购买眼镜目的、眼镜销售信息来源、眼镜购买地点、购买眼镜的决策考虑因素、眼镜购买价格等。

（3）宝岛的优劣势：A高校学生对宝岛和竞争对手优劣势的评价。

（4）A高校学生的人口统计特征（性别、年级、月开支）。

（5）A高校学生不在宝岛购买眼镜的原因及对宝岛的建议。

（三）调研对象和方法

（1）调研对象：湖州市A高校佩戴眼镜和未佩戴但1年内要购买眼镜的全体学生。

（2）调研时间及地点：2022年4月12日—19日，A高校学生寝室。

（3）调研方法：采取面谈访问法，通过访问员在寝室现场发放问卷，并指导被访者填写问卷的方式来获取相应资料。

（四）抽样方法

（1）调研总体（同调研对象，略）。

（2）样本容量及抽样框：样本容量为 250 个，我们先以学生居住的每幢楼的寝室房间编号为一级抽样框，抽取 250 个寝室，再以被抽中寝室里的床铺编号为二级抽样框，每个寝室抽取 1 个床铺号，床铺号对应的学生即为样本，共抽取 250 名学生。

（3）抽样方法：先采取等比例分层抽样确定每幢宿舍楼抽取的房间数，例如，1 号楼居住人数占学生总数的 10%，则从 1 号楼抽取 25 个寝室（250×10%=25），再采取等距抽样从每幢楼抽取相应数量的寝室，最后采取抽签法从被抽中的每个寝室中抽取一个床铺号，床铺号对应的学生即为样本。

（五）调研的实施过程

（1）实施调研的准备。学校共有 7 幢宿舍楼，我们将调研人员分为 7 组，每组负责 1 幢楼的调研工作。每组调研人员都要接受相关知识和技巧的培训。

（2）预先抽出样本。每组调研人员征得宿管人员的同意后，进入各自负责抽样的宿舍楼，将所有寝室编号，先采取等距抽样抽出寝室样本，再用抽签法抽出每个寝室样本里的床铺号。

（3）接触样本。选择学生比较空闲且在寝室的时间，调研人员带上调研证、介绍信、调查问卷及小礼品前往宿舍，直接访问被预先抽中的学生（对应的床铺号）。经过一个星期的调研，共收回 250 份问卷，有效问卷 231 份。

三、调研结果分析

（一）A 高校各类眼镜存量市场规模及结构分析

1. 框架眼镜存量市场规模分析

2022 年框架眼镜的存量市场规模可根据 A 高校学生购买眼镜时间和更换频率计算得出。以近视眼镜为例（见表 8-17），在 231 个有效样本中，近视眼镜的市场规模=2022 年购买量（D1）+2022 年前购买且在 2022 年更换的顾客的需求量（D2）。从表 8-17 可得：

$$D1= 6×2+8+10+6+2=38（副）$$

$$D2=10+40+30+10=90（副）$$

故在 231 个样本中，2022 年近视眼镜存量市场规模=12+26+90=128（副）。

全校学生总数为 11 320，则 2022 年 A 高校近视眼镜存量市场规模为

(128/250)×11320=5795（副）

远视眼镜、太阳眼镜和防辐射眼镜的存量市场规模可按照上述方法依次算出，它们分别是远视眼镜 10 副、太阳眼镜 356 副、防辐射眼镜 859 副。

2. 框架眼镜存量市场结构分析

2022 年 A 高校框架眼镜存量市场规模为 7020 副，近视眼镜占 82.5%；防辐射眼镜占 12.2%；太阳眼镜占 5.0%；远视眼镜占 0.1%。A 高校近视眼镜需求量占整个框架眼镜市场的绝大部分，因为学生的近视率很高（80%左右）；少部分健康意识强的学生为了防止辐射而购买防辐射眼镜，这部分需求将来还会增加；太阳眼镜的需求量很少，因为大学生大部分时间在室内学习；远视眼镜需求量极小，因为大学生处于青年早期，远视眼的患病率极低。

3. 隐形眼镜存量市场规模分析

根据表 8-18 中数据，可计算出 2022 年 A 高校各类隐形眼镜的存量市场规模。以日抛产品为例，其需求量=(89/250)×11320=4029（只）。其他产品需求量分别为双周抛 2037 只，月抛 1539 只，季抛 724 只，半年抛 452 只，年抛 226 只。

4. 隐形眼镜存量市场结构分析

2022 年 A 高校隐形眼镜需求量为 9007 只，日抛产品占 44.7%，双周抛产品占 22.6%，月抛产品占 17.1%，季抛产品占 8.0%，半年抛产品占 5.0%，年抛产品占 2.5%。可见，A 高校学生隐形眼镜消费以短期使用的日抛、双周抛为主，长期使用的月抛、季抛等产品需求量较少。

（二）A 高校各类眼镜增量市场规模及结构分析

1. 框架眼镜增量市场规模分析

眼镜增量市场容量被界定为现在未佩戴眼镜但近 1 年内准备购买眼镜的顾客所形成的需求。根据表 8-19 中数据，可计算出 2022 年 A 高校各类框架眼镜增量市场容量。以近视眼镜为例，其需求量=(16/250)×11320=724（副）。其他产品需求量分别为太阳眼镜 226 副，远视眼镜 90 副，防辐射眼镜 226 副。

2. 框架眼镜增量市场结构分析

2022 年 A 高校框架眼镜增量总需求为 1274 副，其中，近视眼镜占 57.1%；防辐射眼镜和太阳眼镜均占 17.8%；远视眼镜占 0%。框架眼镜增量市场占存量市场的 16.8%，这表明 A 高校框架眼镜增量市场每年仍有一定增长。近视眼镜仍然占框架眼镜增量市场的第一位，但占比下降了 26.1 个百分点，而防辐射眼镜和太阳眼镜占比分别提高了 6.4 个百分点、13.1个百分点，表明近视眼镜需求增长放缓，而防辐射眼镜和太阳眼镜需求增长加快。远视眼镜没有新增需求。

3. 隐形眼镜增量市场规模分析

根据表8-19中数据，可计算出2022年A高校各类隐形眼镜产品的增量市场规模。以日抛产品为例，其需求量=(20/250)×11320=905（只）。其他产品需求量分别为双周抛452只，月抛271只，季抛181只，半年抛90只，年抛0只。

4. 隐形眼镜增量市场结构分析

2022年A高校隐形眼镜增量市场需求为1899只，其中，日抛占47.6%，双周抛占23.8%，月抛占14.2%，季抛占9.5%，半年抛占4.7%，年抛占0%。隐形眼镜增量市场占存量市场的22.1%，表明A高校隐形眼镜增量市场规模相当可观。各类产品占比没有很大变化，表明隐形眼镜增量市场结构与存量市场相同。

（三）框架眼镜存量市场的产品项目分析

1. 近视眼镜产品项目分析

在购买近视眼镜的A高校学生中，购买金属架玻璃镜片、塑料架玻璃镜片、金属塑料混合架玻璃镜片、塑料架树脂镜片的分别占43.8%，15.0%，10.0%，9.4%，而购买塑料架PC镜片等5种镜片的共占22%（见图9-7）。这说明金属架玻璃镜片是近视眼镜中的主力产品，而塑料架玻璃镜片、金属塑料混合架玻璃镜片、塑料架树脂镜片是辅助产品，其他镜片是小众产品。A高校近视眼镜产品项目销量集中度高，具有"一多众少"的特征。

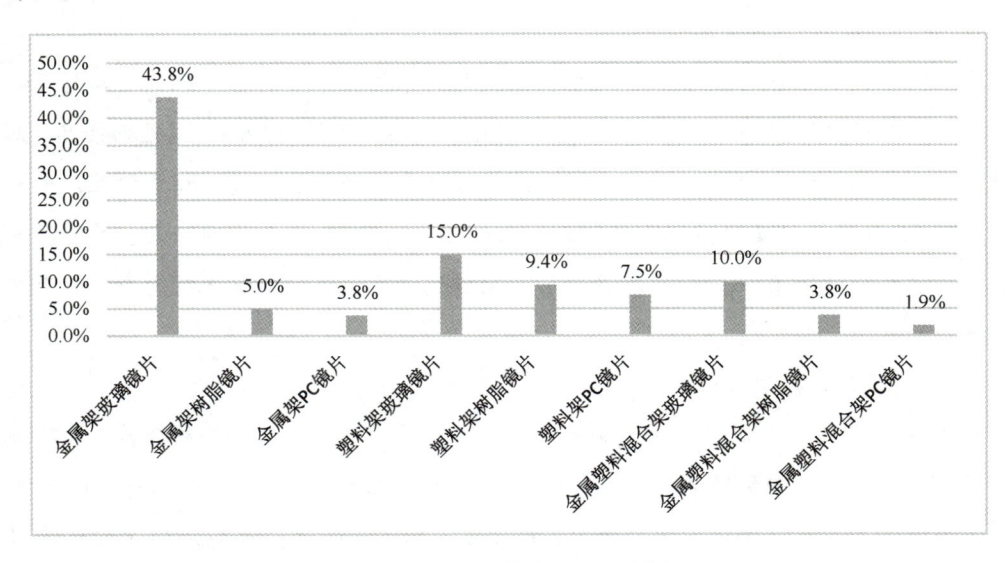

图9-7 近视眼镜产品项目分析

2. 太阳眼镜产品项目分析

如图9-8所示，在购买太阳眼镜的A高校学生中，购买塑料架树脂镜片、金属塑料混合架玻璃镜片的分别占30.8%、23.1%，两种产品是太阳眼镜中的主力产品；而金属架树脂镜片、塑料架玻璃镜片则均占15.4%，是辅助产品；购买金属架玻璃镜片、金属塑料混合架树脂镜片的均占7.7%，是小众产品。其他太阳眼镜产品项目没有销量。A高校太阳眼镜产品项目的销量集中度低于近视眼镜的销量集中度，具有"两多众少"的特征。

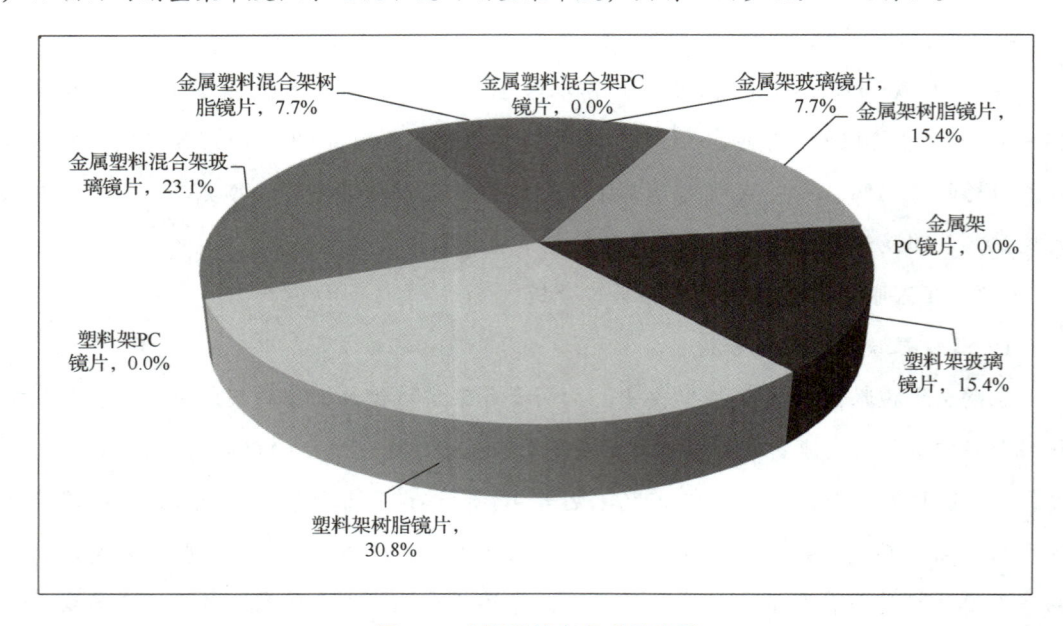

图9-8 太阳眼镜产品项目分析

3. 防辐射眼镜产品项目分析

在购买防辐射眼镜的A高校学生中，购买塑料架树脂镜片的占56.3%（见图9-9），该产品是防辐射眼镜中的主力产品；购买金属架树脂镜片的占15.6%，是辅助产品；购买金属架PC镜片、塑料架玻璃镜片、塑料架PC镜片、金属塑料混合架树脂镜片、金属塑料混合架PC镜片的分别占6.3%、6.3%、6.3%、6.3%、3.1%，是小众产品。其他防辐射眼镜产品项目销量为0。这说明A高校防辐射眼镜产品项目销量集中度更高，具有"一多众少"的特征。

4. 远视眼镜产品项目分析

如图9-10所示，A高校学生只购买三种玻璃镜片的远视眼镜。购买金属架玻璃镜片的占50.0%，购买塑料架玻璃镜片、金属塑料混合架玻璃镜片的均占25.0%。这表明A高校远视眼镜产品需求单一，学生只购买玻璃镜片的远视眼镜。可见，A高校远视眼镜产品项目销量集中度最高。

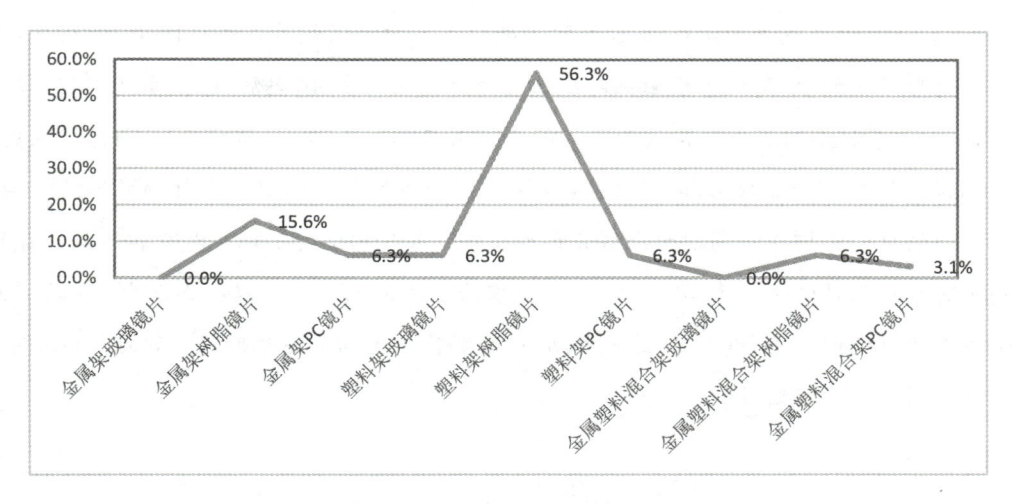

图 9-9　防辐射眼镜产品项目分析

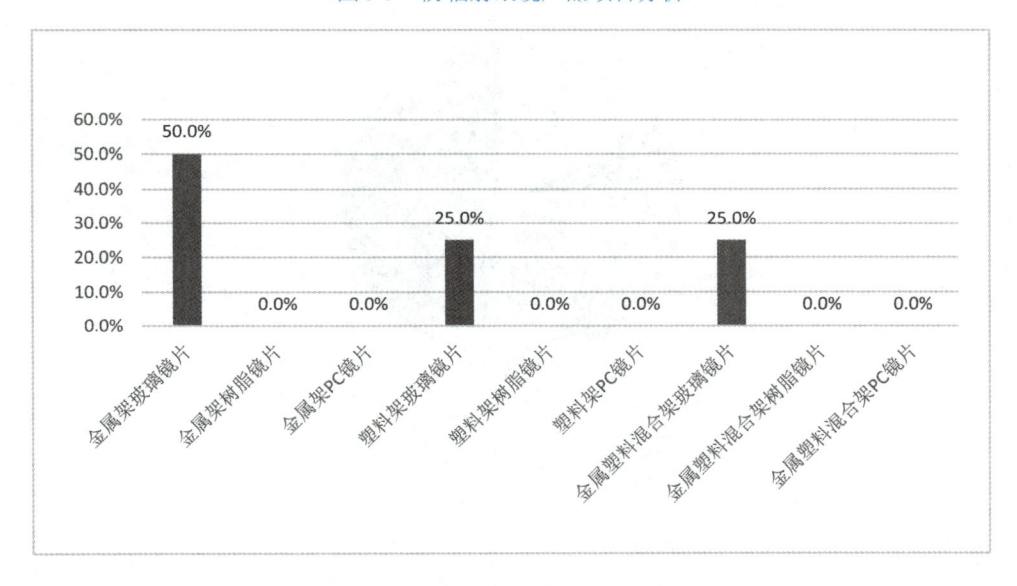

图 9-10　远视眼镜产品项目分析

（四）隐形眼镜的品牌分析

从图 9-11 看出，A 高校学生购买博士伦和强生品牌的分别占 48%，24%，而购买卫康品牌的占 12%，购买视康、海昌、库博品牌的占比均不超过 8%。这表明 A 高校学生中大多数购买外资名牌隐形眼镜，只有少数购买国产隐形眼镜品牌，A 高校隐形眼镜市场品牌集中度较高。

（五）A 高校学生眼镜消费行为分析

1. A 高校学生购买各类眼镜的目的

在购买近视眼镜的 A 高校学生中，大部分以矫正视力和提高视力为目的，占比分别为 60.2%、50.9%（见表 9-1），同时兼顾塑造形象、护眼保健等目的（19.4%、25.0%）。在购买隐形眼镜的 A 高校学生中，以矫正视力为目的的占 46.2%，以提高视力为目的占 30.8%，而以塑造形象、护眼保健为目的的分别占 7.7%、15.4%。这说明 A 高校学生购买隐形眼镜的目的以矫正视力和提高视力为主，但购买目的更加单一，兼顾性不足。购买远视眼镜的目的集中在提高视力和矫正视力，分别占 75.0%、50.0%，没有其他购买目的。在购买防辐射眼镜的 A 高校学生中，为了护眼保健的占 100.0%，以矫正视力、提高视力、塑造形象为目的的均占 33.3%。这说明所有 A 高校学生购买防辐射眼镜的目的以护眼保健为主，同时兼顾其他目的。

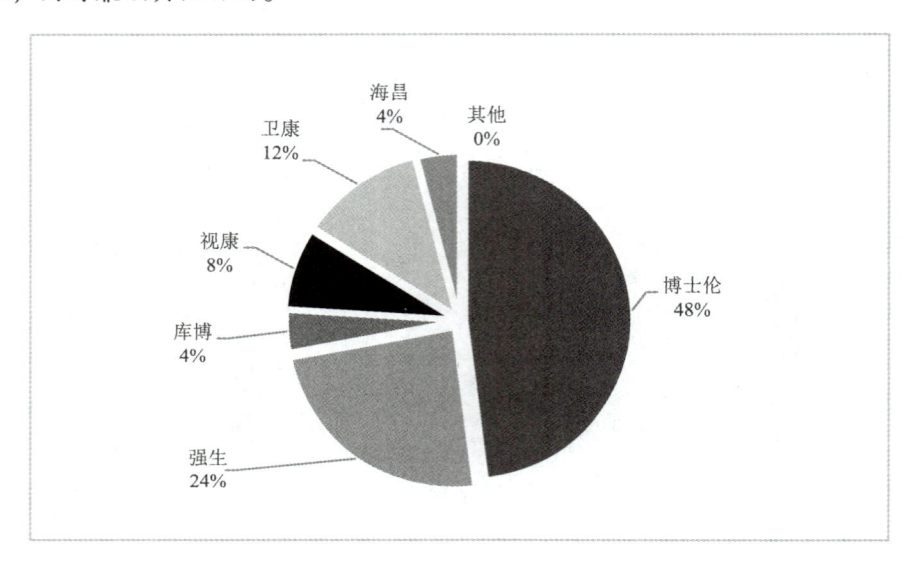

图 9-11　隐形眼镜品牌结构分析

表 9-1　购买眼镜目的与眼镜类型

眼镜类型	矫正视力	提高视力	塑造形象	护眼保健	其他
近视眼镜	60.2%	50.9%	19.4%	25.0%	0.9%
太阳眼镜	0	0	0	0	0
防辐射眼镜	33.3%	33.3%	33.3%	100.0%	0.0%
远视眼镜	50.0%	75.0%	0.0%	0.0%	0.0%
隐形眼镜	46.2%	30.8%	7.7%	15.4%	0.0%

2. A 高校学生购买眼镜时间分析

A 高校学生在需要眼镜时购买的人数占 64.5%，而在开学初、节假日和眼镜店促销时购买的人数分别占 17.4%，10.7%，7.4%（见图 9-12）。这说明大部分 A 高校学生都是在需要眼镜时才购买，在开学初、节假日和眼镜店促销时购买的只占少部分。

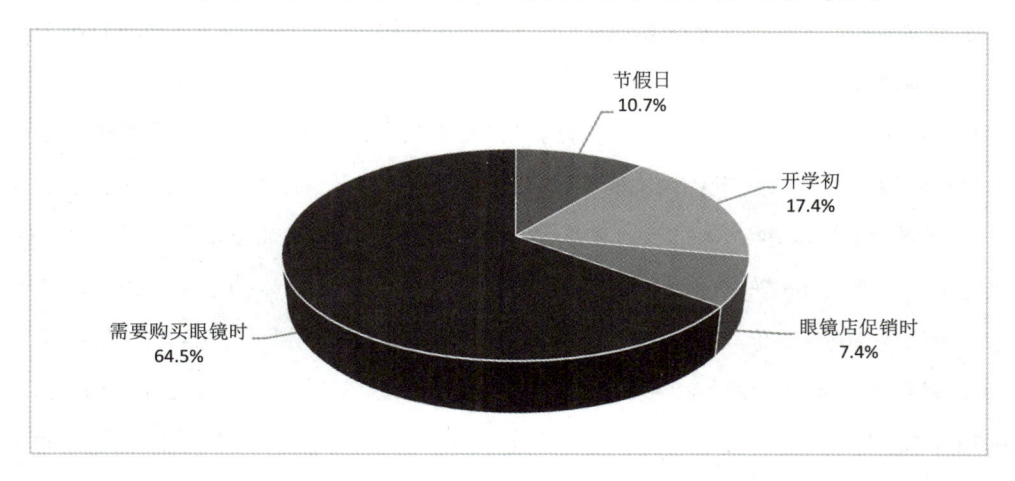

图 9-12　A 高校学生购买眼镜时间分布

3. A 高校学生获取眼镜信息来源分析

在 A 高校学生获取眼镜信息来源中，熟人介绍占 31.0%；店面广告占 26.2%；相关网站占 19.0%；媒体广告占 13.7%；促销传单和其他占比均小于 10.0%（见图 9-13）。可见，A 高校学生获取眼镜信息的来源具有多样性特点，但熟人介绍、店面广告、相关网站是其获取眼镜信息的主要来源。

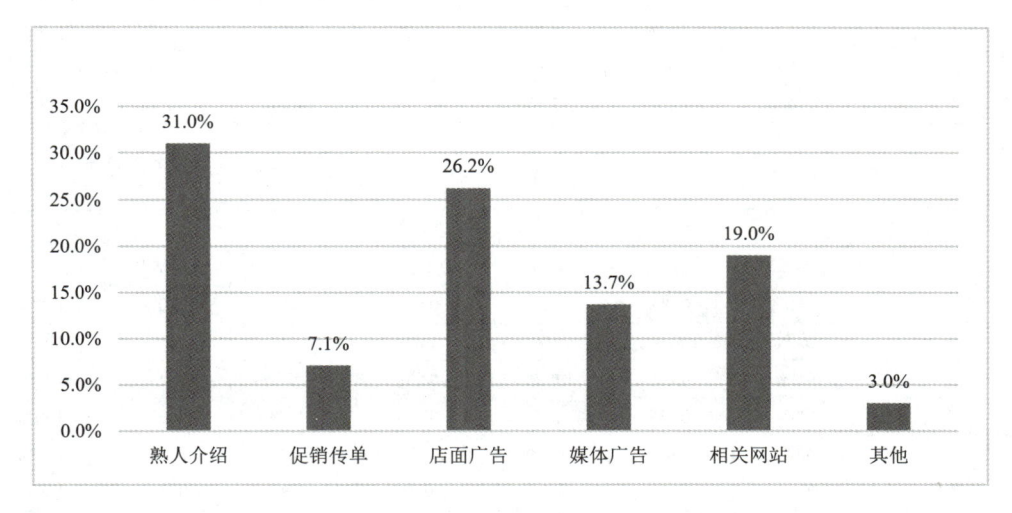

图 9-13　A 高校学生获取眼镜信息来源

4. 眼镜决策考虑因素分析

眼镜决策考虑因素排序要计算重要度。重要度是每个决策考虑因素的综合排序得分，重要度越大，则排序越靠前。其计算方法是，先将排序为"1"的因素取"6"为权重，排序为"2"的因素取"5"为权重，依次类推，然后将每个决策考虑因素的排序权重乘以该排序的百分比并加总，再除以最大权重"6"，得出每个决策考虑因素的重要度。例如，近视眼镜的品牌重要度=(0.094×6+0.031×5+0.131×4+0.251×3+0.17×2+0.296×1)/6×100%=43.9%（见表9-2）。

根据重要度的计算方法和表9-2、表9-3、表9-4、表9-5的数据，各类眼镜决策考虑因素重要度的计算结果如下：（1）近视眼镜的依次是：质量91.4%、舒适度67.6%、价格63.5%、品牌43.9%、款式42.8%、服务40.8%；（2）远视眼镜的依次是：质量83.3%、舒适度75%、价格66.7%、品牌58.3%、服务41.7%、款式25%；（3）防辐射眼镜的依次是：舒适度100%、价格83.3%、服务66.7%、质量50%、款式33.3%、品牌16.6%；（4）隐形眼镜的依次是：质量88.9%、价格70.6%、舒适度62.3%、品牌57.2%、款式36.8%、服务34.3%。可见，购买近视眼镜、隐形眼镜和远视眼镜的决策考虑因素排名靠前的都是质量、舒适度、价格，而防辐射眼镜的则是舒适度、价格和服务。

表9-2　近视眼镜决策考虑因素排序

排序	决策考虑因素						
	品牌	质量	价格	款式	服务	舒适度	总计
1	9.4%	65.6%	5.2%	2.1%	0.0%	17.7%	100%
2	3.1%	22.9%	35.4%	5.2%	7.3%	26.1%	100%
3	13.1%	6.1%	28.3%	16.2%	11.0%	25.3%	100%
4	25.1%	3.1%	12.5%	17.7%	28.1%	13.5%	100%
5	17.0%	2.1%	4.3%	41.5%	27.7%	7.4%	100%
6	29.6%	2.5%	13.6%	17.3%	24.7%	12.3%	100%

表9-3　远视眼镜决策考虑因素排序

排序	决策考虑因素						
	品牌	质量	价格	款式	服务	舒适度	总计
1	50.0%	0.0%	0.0%	0.0%	0.0%	50.0%	100%
2	0.0%	100.0%	0.0%	0.0%	0.0%	0.0%	100%
3	0.0%	0.0%	100.0%	0.0%	0.0%	0.0%	100%
4	0.0%	0.0%	0.0%	0.0%	50.0%	50.0%	100%
5	0.0%	0.0%	0.0%	50.0%	50.0%	0.0%	100%
6	50.0%	0.0%	0.0%	50.0%	0.0%	0.0%	100%

表9-4　防辐射眼镜决策考虑因素排序

排序	决策考虑因素						
	品牌	质量	价格	款式	服务	舒适度	总计
1	0.0%	0.0%	0.0%	0.0%	0.0%	100.0%	100%
2	0.0%	0.0%	100.0%	0.0%	0.0%	0.0%	100%

续表

| 排序 | 决策考虑因素 |||||||
	品牌	质量	价格	款式	服务	舒适度	总计
3	0.0%	0.0%	0.0%	0.0%	100.0%	0.0%	100%
4	0.0%	100.0%	0.0%	0.0%	0.0%	0.0%	100%
5	0.0%	0.0%	0.0%	100.0%	0.0%	0.0%	100%
6	100.0%	0.0%	0.0%	0.0%	0.0%	0.0%	100%

表 9-5　隐形眼镜决策考虑因素排序

| 排序 | 决策考虑因素 |||||||
	品牌	质量	价格	款式	服务	舒适度	总计
1	0.0%	88.9%	0.0%	0.0%	0.0%	11.1%	100%
2	11.1%	0.0%	55.6%	0.0%	11.1%	22.2%	100%
3	25%	0.0%	12.5%	25%	0.0%	37.5%	100%
4	50%	0.0%	12.5%	25%	12.5%	0.0%	100%
5	0.0%	0.0%	16.6%	16.6%	50.1%	16.7%	100%
6	37.5%	0.0%	25%	12.5%	12.5%	12.5%	100%

5. A 高校学生购买眼镜地点分析

大一学生在家乡购买眼镜的占 62.5%，在宝岛购买的占 22.5%，在吴良材、精益、新华书店、学士和其他购买的分别占 3.8%，2.5%，2.5%，1.2%，5.0%，在浙北大厦、保视康购买的均占 0.0%（见图 9-14）。大二学生在家乡购买眼镜的占 68.4%，在宝岛购买的占 15.8%，在吴良材和其他购买的均占 7.9%，在浙北大厦、保视康、学士、精益、新华书店购买的均占 0.0%。大三学生在家乡购买的占 70.5%，在宝岛购买的占 15.3%，在吴良材和其他购买的分别占 6.1%，8.1%，在浙北大厦、保视康、学士、精益、新华书店、保视康购买的占 0.0%。可见，大部分学生都在家乡购买眼镜，少部分在宝岛购买眼镜，剩下的少部分学生分散在其他几家眼镜店购买眼镜。大二和大三学生在宝岛购买眼镜的比例几乎未变，且都比大一学生在宝岛购买眼镜的比例低，说明宝岛的一部分顾客流失了。相比大一学生，大二学生和大三学生购买地点较少。

6. A 高校学生在各眼镜店购买眼镜的原因分析。

（1）因为眼镜款式好和品牌知名度高而购买。

在吴良材购买眼镜的 A 高校学生中，因为眼镜款式好和品牌知名度高而购买的占比最高，分别为 40.0%，30.0%（见表 9-6），因为眼镜质量好和价格实惠而购买的分别占 20.0%，10.0%。

（2）因为品牌知名度高和眼镜质量好而购买。

在宝岛购买眼镜的 A 高校学生中，因为品牌知名度高和眼镜质量好而购买的占比最高，分别为 36.8%，34.3%，因为价格实惠和服务好而购买的分别占 10.5%，15.8%。在家乡购买眼镜的 A 高校学生中，因为品牌知名度高和眼镜质量好而购买的占比最高，分别占 21.9%，29.9%，因为价格实惠和服务好而购买的分别占 16.8%，14.6%。

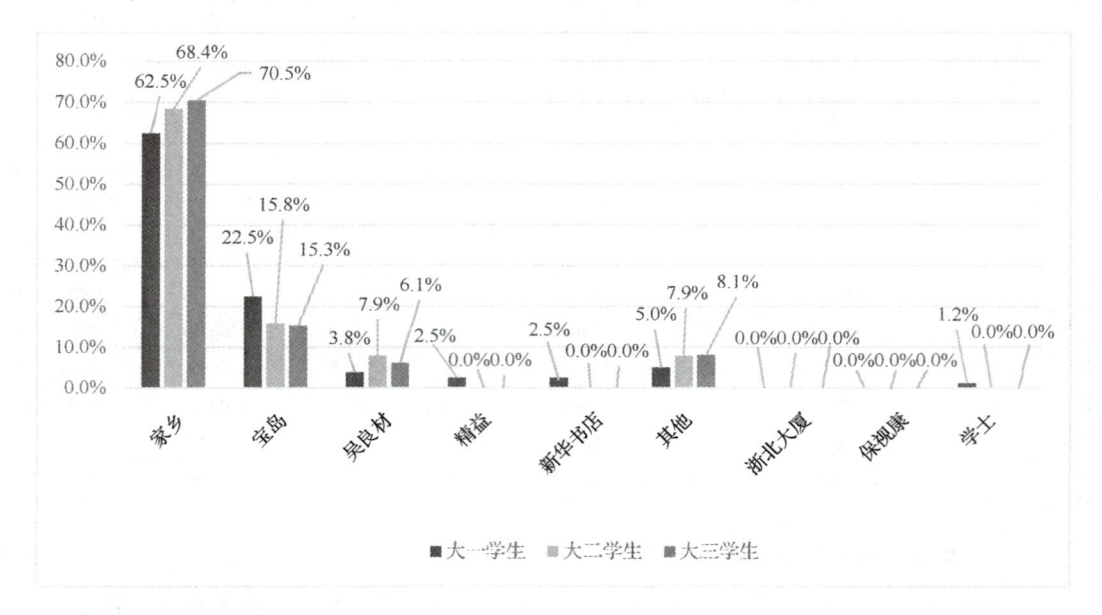

图 9-14　A 高校学生购买眼镜地点分析

（3）因为眼镜质量好和服务好而购买。

在学士购买眼镜的 A 高校学生中，因为眼镜质量好和服务好而购买的占比均为 50.0%，在其他购买眼镜的 A 高校学生中，因为眼镜质量好和服务好而购买的占比分别为 44.5%，33.3%，可见，绝大部分在学士和其他购买眼镜的 A 高校学生是因为其眼镜质量好和服务好。

（4）因为品牌知名度高和服务好而购买。

在精益购买眼镜的 A 高校学生中，因为品牌知名度高和服务好而购买的占比分别为 28.6%，28.5%，因为眼镜质量好、价格实惠、眼镜款式好而购买的占比均为 14.3%，可见，大部分在精益购买眼镜的 A 高校学生是因为其品牌知名度高和服务好。

表 9-6　A 高校学生在各眼镜店购买眼镜的原因

地点	品牌知名度高	眼镜质量好	价格实惠	眼镜款式好	服务好	其他	总计
吴良材	30.0%	20.0%	10.0%	40.0%	0.0%	0.0%	100%
学士	0.0%	50.0%	0.0%	0.0%	50.0%	0.0%	100%
精益	28.6%	14.3%	14.3%	14.3%	28.5%	0.0%	100%

续表

地点	原因						
	品牌知名度高	眼镜质量好	价格实惠	眼镜款式好	服务好	其他	总计
浙北大厦	0.0%	0.0%	0.0%	0.0%	0.0%	0.0%	0.0%
新华书店	0.0%	33.3%	0.0%	0.0%	0.0%	66.7%	0.0%
保视康	0.0%	0.0%	0.0%	0.0%	0.0%	0.0%	0.0%
宝岛	36.8%	34.3%	10.5%	2.6%	15.8%	0.0%	100%
家乡	21.9%	29.9%	16.8%	8.0%	14.6%	8.8%	100%
其他	0.0%	44.5%	11.1%	0.0%	33.3%	11.1%	100%

7. 各眼镜店产品价格分析

（1）售价为高价的眼镜店。在学士和精益购买眼镜的A高校学生中，购买700元以上的均占100%（见表9-7）。

（2）售价以中高价为主的眼镜店。在宝岛和家乡购买眼镜的A高校学生中，购买700元以上的分别占61.0%，51.3%，而购买501～700元的分别占30.4%，23.1%，购买500元以下的分别占8.6%，25.6%。

（3）售价以高价为主，兼顾低价的眼镜店。在新华书店和其他购买眼镜的A高校学生中，购买700元以上的分别占66.7%，87.5%，而购买500元以下的分别占33.3%，12.5%。

（4）售价以中高价为主，兼顾低价和高价的眼镜店。在吴良材购买眼镜的A高校学生中，购买501～700元的占60.0%，而购买500元以下及700元以上的均占20.0%。

表9-7　各眼镜店产品价格

店名	价格				
	300元以下	300～500元	501～700元	700元以上	总计
吴良材	0.0%	20.0%	60.0%	20.0%	100%
学士	0.0%	0.0%	0.0%	100.0%	100%
精益	0.0%	0.0%	0.0%	100.0%	100%
浙北大厦	0.0%	0.0%	0.0%	0.0%	0.0%
新华书店	33.3%	0.0%	0.0%	66.7%	100%
保视康	0.0%	0.0%	0.0%	0.0%	0.0%
宝岛	4.3%	4.3%	30.4%	61.0%	100%
家乡	7.7%	17.9%	23.1%	51.3%	100%
其他	0.0%	12.5%	0.0%	87.5%	100%
总计	6.7%	14.2%	23.3%	55.8%	100%

8. 各眼镜店的市场份额分析

在700元以上的眼镜市场中，家乡的顾客占比最高，为59.7%，宝岛占20.9%，其他占10.4%，而吴良材、学士、精益、新华书店的顾客占比很低（见表9-8）。在501～700元的眼镜市场中，家乡的顾客占比也最高，为64.3%，宝岛占25.0%，吴良材占10.7%。在300～500元的眼镜市场中，家乡的顾客占比仍最高，为82.3%，宝岛、吴良材、其他的顾客占比都很少，均占5.9%。在300元以下的眼镜市场中，家乡的顾客占比还是最高，为75.0%，而宝岛、新华书店的顾客均占12.5%。这表明在4个不同价位的眼镜市场中，家乡的顾客人数都占总数的大部分，在高价、中高价眼镜市场上，宝岛的顾客人数占比居第二位。在低价、中低价眼镜市场上，宝岛的顾客人数占比较低，与新华书店、吴良材相当。

表9-8 不同价格产品与各眼镜店顾客份额

店名	300元以下	300～500元	501～700元	700元以上	总计
吴良材	0.0%	5.9%	10.7%	1.5%	4.2%
学士	0.0%	0.0%	0.0%	1.5%	0.8%
精益	0.0%	0.0%	0.0%	3.0%	1.7%
浙北大厦	0.0%	0.0%	0.0%	0.0%	0.0%
新华书店	12.5%	0.0%	0.0%	3.0%	2.5%
保视康	0.0%	0.0%	0.0%	0.0%	0.0%
宝岛	12.5%	5.9%	25.0%	20.9%	19.2%
家乡	75.0%	82.3%	64.3%	59.7%	64.9%
其他	0.0%	5.9%	0.0%	10.4%	6.7%
总计	100%	100%	100%	100%	100%

9. 各种眼镜的价格分析

在购买近视眼镜的A高校学生中，购买700元以上的占57.5%，501～700元的占22.1%，300～500元的占15.1%，300元以下的占5.3%（见表9-9），这说明A高校近视眼镜产品以高价和中高价为主，中低价和低价较少。在购买太阳眼镜的A高校学生中，购买300～500元、700元以上的均占50.0%，这说明太阳眼镜市场中，高价和中低价产品各占一半。

在购买隐形眼镜的A高校学生中，购买300元以下的占100%，这说明隐形眼镜产品完全是低价。在购买远视眼镜的A高校学生中，购买501～700元、700元以上的分别占33.3%，66.7%，说明远视眼镜市场只有高价和中高价产品。在购买防辐射眼镜的A高校学生中，购买300～500元、501～700元的均占33.3%，这说明防辐射眼镜产品是中高价、中低价均衡分布。

表 9-9　不同价格产品与眼镜类型顾客份额

眼镜类型	眼镜购买价格				
	300 元以下	300～500 元	501～700 元	700 元以上	总计
近视眼镜	5.3%	15.1%	22.1%	57.5%	100%
太阳眼镜	0.0%	50.0%	0.0%	50.0%	100%
隐形眼镜	100.0%	0.0%	0.0%	0.0%	100%
远视眼镜	0.0%	0.0%	33.3%	66.7%	100%
防辐射眼镜	0.0%	33.3%	33.3%	33.4%	100%

10. 不同月开支学生的市场份额分析

较低月开支（1500～2000 元）学生人数最多，占 48.2%，较低月开支学生在低价（300 元以下）、中低价（300～500 元）、中高价（501～700 元）、高价（700 元以上）眼镜市场的顾客数占比分别是 71.4%，60.0%，50.0%，42.4%（见表 9-10），说明较低月开支学生是各种价位眼镜市场中的主力顾客。较高月开支学生（2001～2500 元）人数排第二，占 21.4%，较高月开支学生在中高价、高价眼镜市场的顾客数占比分别为 20.8%、27.3%，是这两类市场中重要的顾客。最高月开支（2500 元以上）学生人数排第三，占 17.0%，最高月开支学生在高价、中低价眼镜市场的顾客数占比分别为 21.2%、20.0%，是这两类市场较重要的顾客。最低月开支（1500 元以下）学生人数最少，占 13.4%，他们在中高价眼镜市场的顾客数占比为 25.0%，是该市场中较重要的顾客群，在其他三个眼镜市场中占比都较小。

表 9-10　不同价格产品与月开支顾客份额

月开支	眼镜购买价格				
	300 元以下	300～500 元	501～700 元	700 元以上	总计
1500 元以下	14.3%	13.3%	25.0%	9.1%	13.4%
1500～2000 元	71.4%	60.0%	50.0%	42.4%	48.2%
2001～2500 元	0.0%	6.7%	20.8%	27.3%	21.4%
2500 元以上	14.3%	20.0%	4.2%	21.2%	17.0%
总计	100%	100%	100%	100%	100%

（六）A 高校宝岛竞争对手分析

1. 宝岛与竞争对手的品牌知名度比较

如图 9-15 所示，认为宝岛的品牌知名度高于学士、吴良材、浙北大厦、新华书店、精益、保视康的分别占 85.3%，57.4%，79.4%，61.3%，71.7%，80.4%，只有 68.8% 的被调查者认为宝岛品牌知名度低于家乡。可见，大部分被调查者认为宝岛的品牌知名度要高于绝大多数竞争对手，只低于家乡。

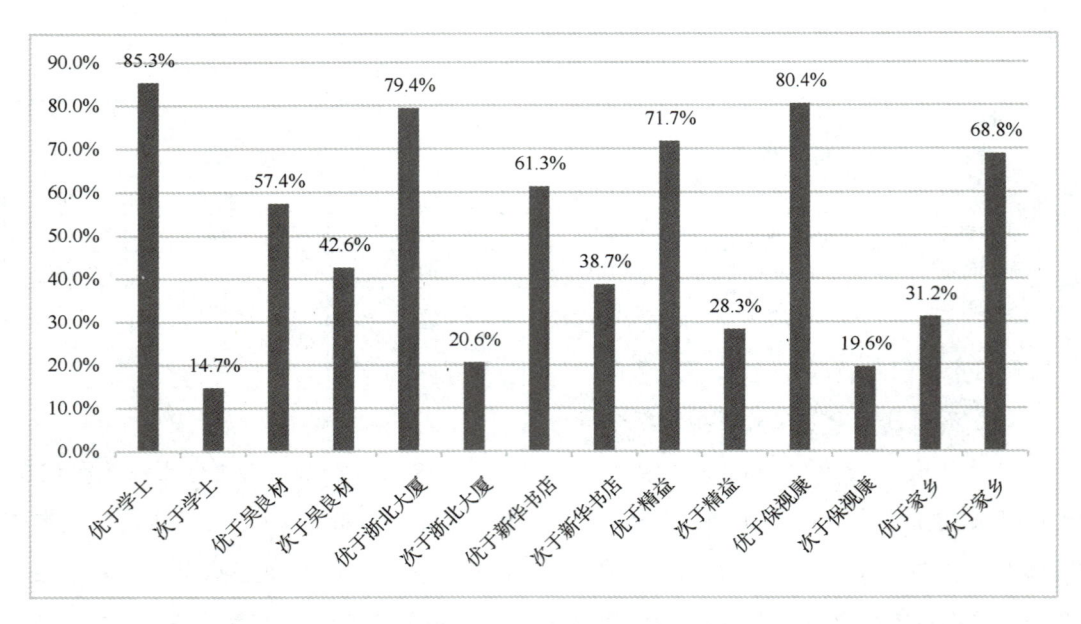

图 9-15 被调查者对宝岛与竞争对手的品牌知名度评价

2. 宝岛与竞争对手的产品质量比较

如图 9-16 所示，认为宝岛的产品质量优于学士、吴良材、浙北大厦、新华书店、精益、保视康的分别占 91.1%、72.2%、69.2%、54.5%、76.0%、70.8%，只有 62.8% 的被调查者认为宝岛产品质量低于家乡店。可见，大部分被调查者认为宝岛产品质量高于学士、浙北大厦、新华书店、精益、保视康，只低于家乡。另外，超过半数的被调查者认为宝岛的产品质量高于吴良材。

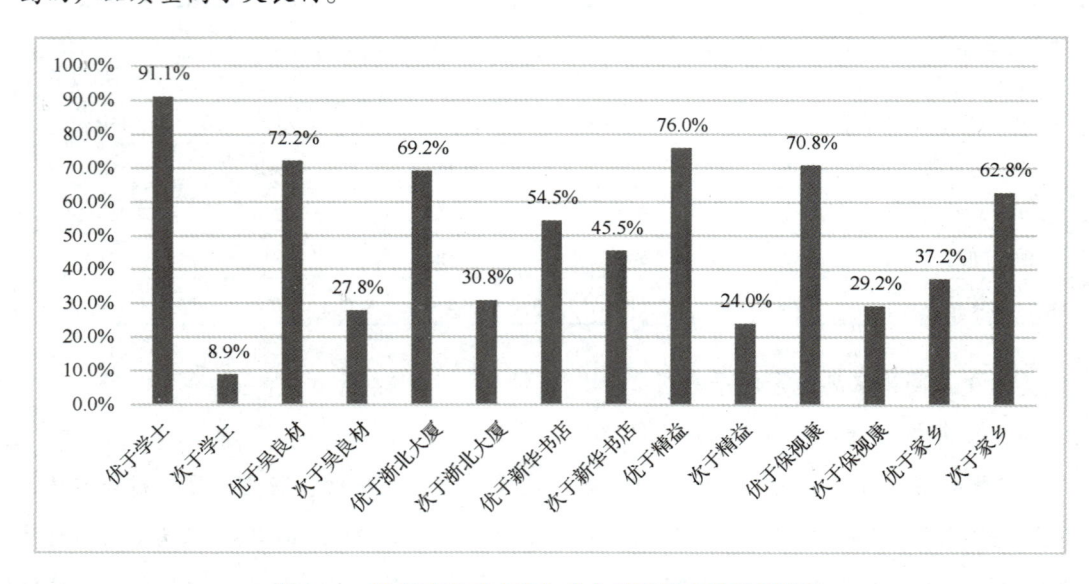

图 9-16 被调查者对宝岛与竞争对手的产品质量评价

3. 宝岛与竞争对手的产品款式比较

如图9-17所示，认为宝岛的产品款式优于学士、吴良材、浙北大厦、新华书店、精益、保视康的分别占87.0%，64.7%，77.6%，67.9%，65.3%，72.3%，只有62.0%的认为宝岛产品款式次于家乡。可见，大部分被调查者认为宝岛的产品款式要优于绝大多数竞争对手，只次于家乡。

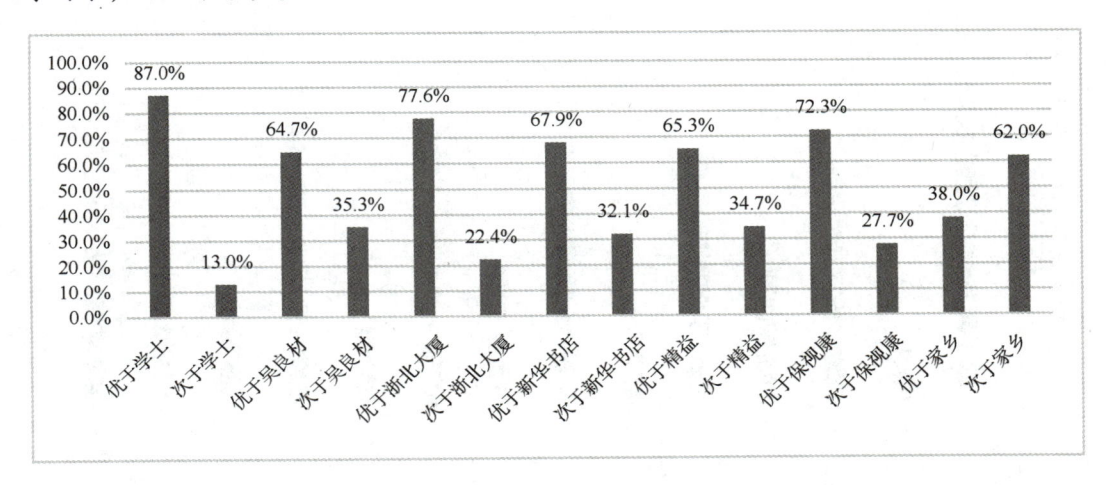

图9-17 被调查者对宝岛与竞争对手的产品款式评价

4. 宝岛与竞争对手的产品价格比较

如图9-18所示，认为宝岛的产品价格比学士、吴良材、浙北大厦、新华书店、精益、保视康便宜的分别占78.3%，63.5%，65.4%，64.4%，71.2%，74.0%，只有63.0%的认为宝岛的产品价格比家乡贵。可见，大部分被调查者认为宝岛的产品价格比绝大多数竞争对手便宜，但比家乡贵。

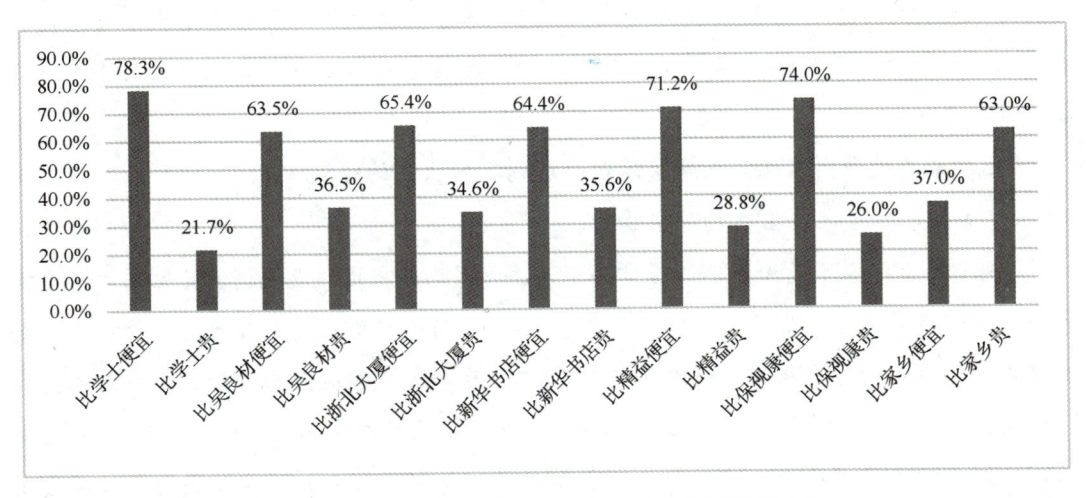

图9-18 被调查者对宝岛与竞争对手产品价格的评价

5. 宝岛与竞争对手的服务质量比较

如图 9-19 所示，认为宝岛服务质量优于学士、吴良材、浙北大厦、新华书店、精益、保视康的分别占 84.9%、63.3%、69.4%、62.3%、75.0%、78.0%，只有 63.3% 的认为宝岛的服务质量次于家乡。可见，大部分被调查者认为宝岛的服务质量优于绝大多数竞争对手，只比家乡服务质量差一些。

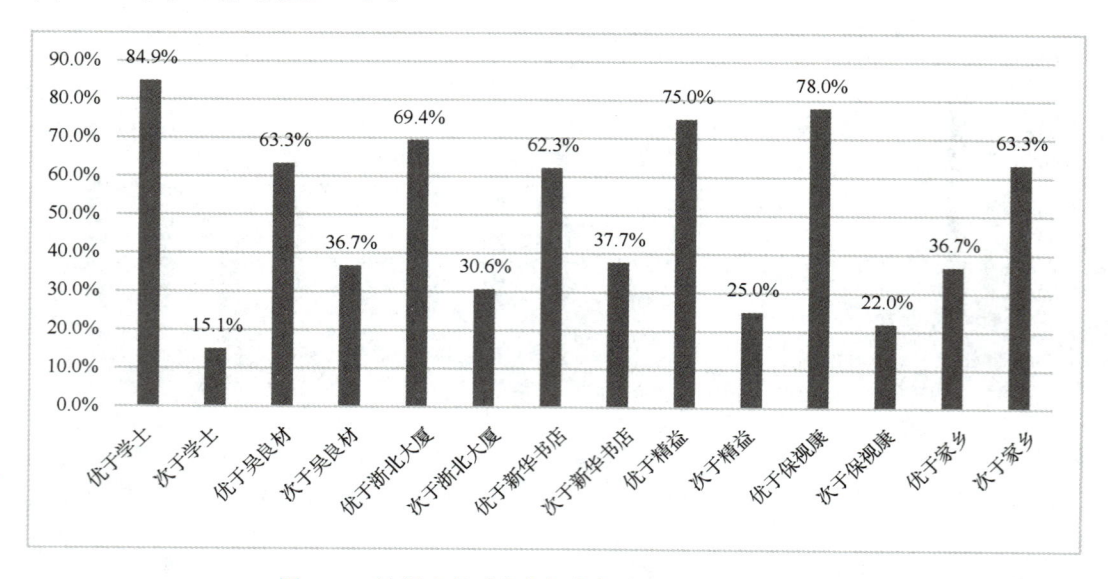

图 9-19 被调查者对宝岛与竞争对手服务质量的评价

6. 宝岛与竞争对手的硬件设施比较

如图 9-20 所示，认为宝岛硬件设施优于学士、吴良材、浙北大厦、新华书店、精益、保视康的分别占 87.5%、66.7%、64.2%、57.1%、77.1%、73.5%，只有 60.2% 的认为宝岛的硬件设施低于家乡。可见，大部分被调查者认为宝岛的硬件设施优于学士、吴良材、浙北大厦、精益、保视康，只次于家乡。另外，超过半数的被调查者认为宝岛硬件设施高于新华书店。

（七）A 高校学生不在宝岛购买眼镜的原因及对宝岛的建议

1. A 高校学生不在宝岛购买眼镜的原因

67.8% 的大一学生是由于不知道宝岛而不去，因为距离远、没遇到、其他眼镜店更优惠吸引而不去宝岛的分别占 11.9%、8.5%、5.1%，因为宝岛的质量有问题、款式有限或家乡更好而不去的占比极小（见图 9-21）。大二学生和大三学生因为不知道宝岛而不去的占比分别为 65.2%、60.3%，因为距离远而不去宝岛的占比分别为 30.5%、38.5%，因为没遇到而不去宝岛的占比分别为 4.3%、1.2%。可见，大部分 A 高校学生都因为不知道宝岛而不去，少部分大一学生不去宝岛的原因较多，如距离远、没遇到、竞争对手促销等，相当部分大二、大三学生因为距离远而不去宝岛，其占比远高于大一学生。

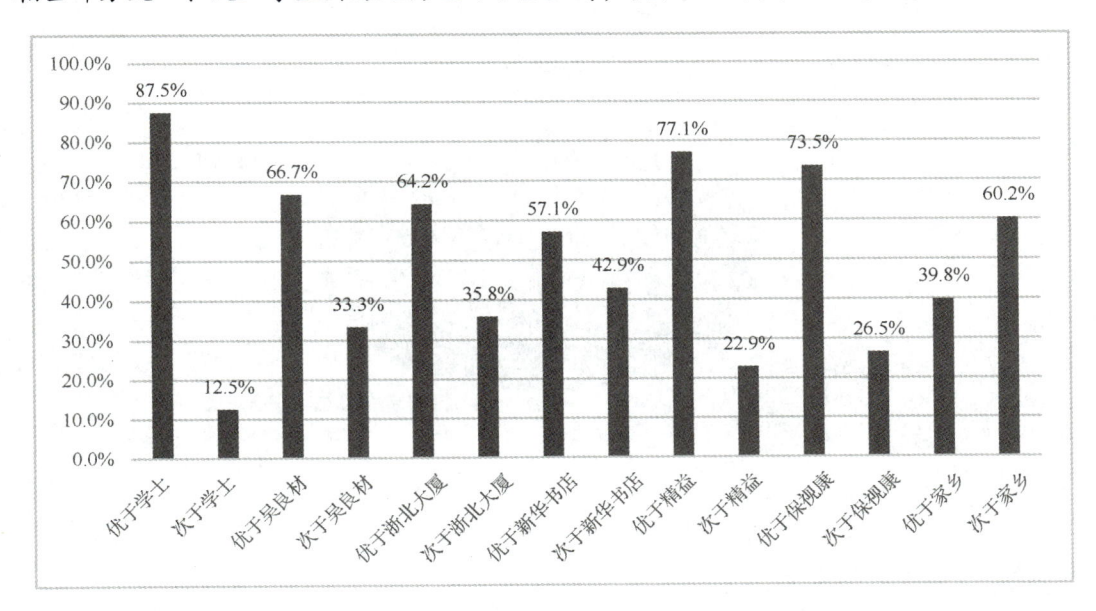

图 9-20　被调查者对宝岛与竞争对手硬件设施的评价

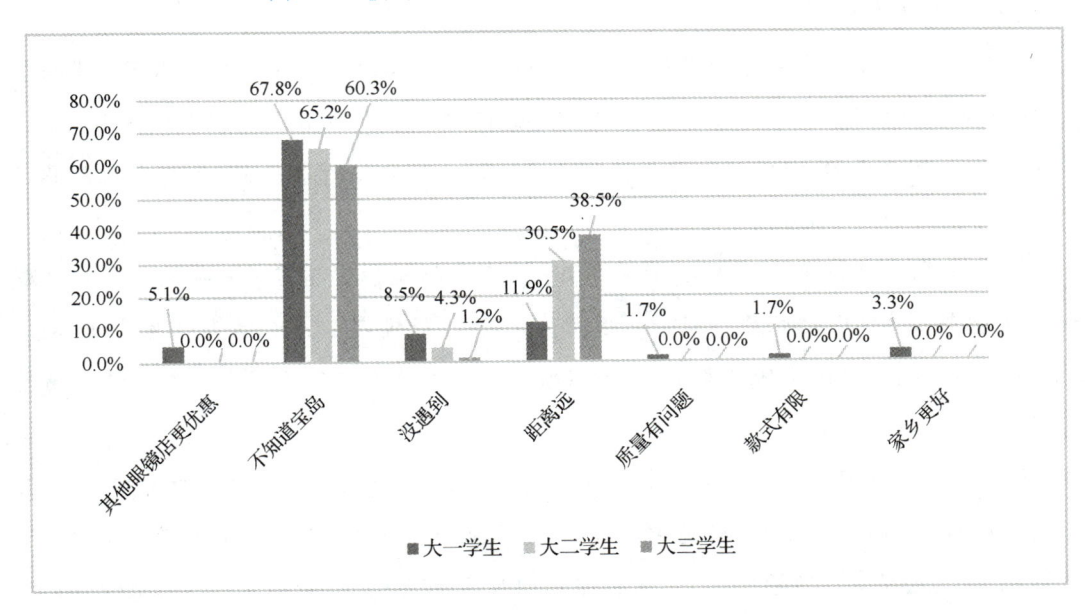

图 9-21　A 高校大一、大二学生不在宝岛购买眼镜的原因

2. A 高校学生对宝岛的建议

在被调查的 A 高校学生中，42%的建议宝岛开展优惠活动，28%的建议宝岛加大宣传，17%的建议宝岛提高产品质量和服务质量，建议宝岛增加款式、店址离学校近点的分别

占 8%，4%。可见，大多数被调查者建议宝岛开展优惠活动和加大宣传，少部分建议宝岛提高产品质量和服务质量，极少数建议增加款式、店址离学校近点（见图 9-22）。

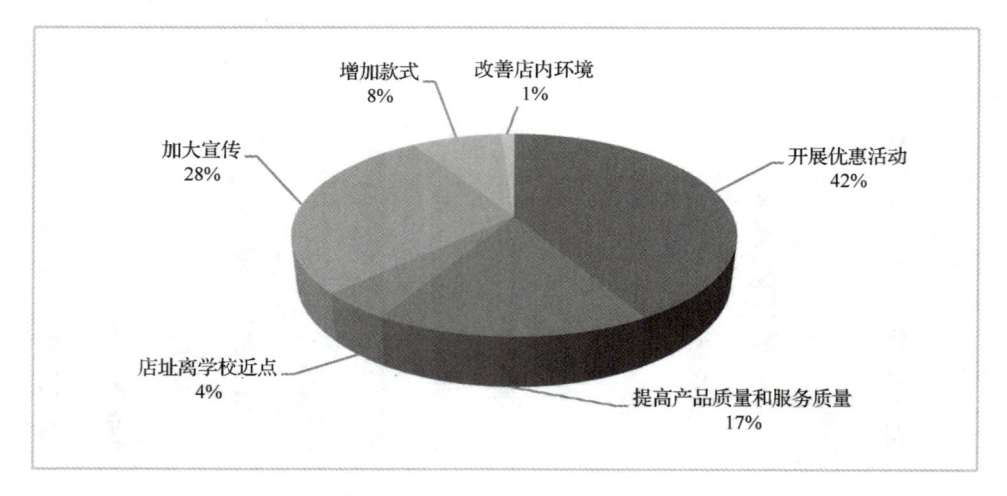

图 9-22　被调查者对宝岛的建议

四、调研结论和建议

（一）主要结论

（1）A 高校眼镜存量市场需求较大，不同眼镜的需求差异很大。框架眼镜年需求量为 7473 副，近视眼镜占 83.6%，防辐射眼镜占 11.4%，太阳眼镜和远视眼镜占比极小。隐形眼镜年需求量为 9007 只，日抛产品占 44.7%，双周抛产品占 22.6%，月抛产品占 17.1%，其他产品占比很小。

（2）A 高校眼镜增量市场需求相对较小，不同眼镜的增量需求差异较大。框架眼镜年增量需求为 1274 副，近视眼镜占 57.1%，防辐射眼镜占 17.8%，太阳眼镜占 17.8%，远视眼镜占 0%。隐形眼镜增量需求为 1899 只，各类隐形眼镜产品占比和存量市场差不多。

（3）不同眼镜产品的增量增长率差异较大。近视眼镜增量与存量之比为 0.11∶1，防辐射眼镜为 0.26∶1，太阳眼镜为 0.63∶1，隐形眼镜各类产品的增量和存量之比都约等于 0.22∶1。这说明在增量市场上，太阳眼镜增长率最高，防辐射眼镜、隐形眼镜增长率较高，近视眼镜增长率最低。

（4）在购买眼镜的 A 高校学生中，女性占 48.5%，男性占 51.5%；大一学生占 34.5%，大二学生占 33.5%，大三学生占 32%。大部分购买眼镜的 A 高校学生月开支在 1500～2500 元（48.2%），月开支在 1500 元以下的只占 13.4%，月开支在 2500 元以上的占 17%。

（5）在购买近视眼镜的 A 高校学生中，购买金属架的占近 55%，购买塑料架的占近 30%，购买混合架的占近 15%。在购买防辐射眼镜的 A 高校学生中，购买塑料架树脂镜片、金属架树脂镜片的占比分别为 56.3%，15.6%，购买其他材质防辐射眼镜的占比较小。在购买远视眼镜的 A 高校学生中，购买金属架玻璃镜片、塑料架玻璃镜片、金属塑料混合架玻璃镜片的分别占 50.0%，25.0%，25.0%。在购买太阳眼镜的 A 高校学生中，购买塑料架树脂镜片、金属塑料混合架玻璃镜片的分别占 30.8%，23.1%，购买金属架树脂镜片、塑料架玻璃镜片的均占 15.4%，其余产品占比都很小。在购买隐形眼镜的 A 高校学生中，购买日抛、双周抛的分别占 47.6%，23.8%，其余产品占比都较小，购买博士伦和强生的分别占 48%，24%，而购买海昌、视康、卫康、库博等品牌的占比较小。

（6）大部分购买近视眼镜的 A 高校学生以矫正和提高视力为目的，少部分为了塑造形象、护眼保健，购买目的兼顾性强。大部分购买隐形眼镜的 A 高校学生以矫正视力和提高视力为目的，购买目的单一，兼顾性弱。绝大部分购买远视眼镜的 A 高校学生以提高视力为目的，一半的购买者以矫正视力为目的，没有其他购买目的。大部分购买防辐射眼镜的 A 高校学生为了护眼保健，少部分为了矫正视力、提高视力和塑造形象，购买目的具有兼顾性。

（7）大部分 A 高校学生是在需要眼镜时购买，少部分是在节假日和开学初购买，在眼镜店促销时购买的很少。

（8）A 高校学生获取眼镜信息的来源具有多样性，但熟人介绍、店面广告、相关网站是 3 个主要获取眼镜信息来源。

（9）近视眼镜和远视眼镜决策考虑因素从高到低排序都是质量、舒适度、价格、品牌，只是款式和服务排序不同而已。隐形眼镜决策考虑因素从高到低排序是质量、价格、舒适度、品牌、款式、服务。防辐射眼镜决策考虑因素有所差异，从高到低排序是舒适度、价格、服务、质量、款式、品牌。

（10）大部分 A 高校学生都在家乡购买眼镜，近五分之一的 A 高校学生在宝岛购买眼镜，在其他眼镜店购买眼镜的学生很少，大一学生购买眼镜的地点相对分散，大二学生和大三学生购买眼镜的地点相对集中。

（11）在购买眼镜的 A 高校学生中，绝大部分因为眼镜质量好和品牌知名度高而购买，少部分因为价格实惠和服务好而购买，因为款式而购买的消费者很少。购买原因与近视、远视和隐形三类眼镜决策考虑因素中排名靠前的因素基本重叠。

（12）在购买眼镜的 A 高校学生中，55.8%的购买 700 元以上（高价）的眼镜，23.1%

的购买501～700元（中高价）的眼镜，购买500元以下（低价）眼镜的人数占20%。在A高校高价、中高价、中低价眼镜市场中，家乡的顾客都占总数的大部分（60%～75%），在高价、中高价眼镜市场上，宝岛的顾客数占比排第二（20%～25%），在低价眼镜市场上，宝岛与其他眼镜店的顾客数占比都较低。

（13）在A高校近视眼镜和远视眼镜市场中，绝大部分顾客都购买高价和中高价产品。在太阳眼镜市场中，购买高价和中低价产品的顾客各占一半。在防辐射眼镜市场中，购买高价、中高价、中低价产品的顾客各占三分之一。在隐形眼镜市场中，全部的顾客都购买低价产品。

（14）月开支在1500～2500元的A高校学生在被调查者中占比最高，为48.2%，该群体在高价、中高价、低价眼镜市场中的顾客数占比都是最高的，月开支在2500元以上的A高校学生数占比较低，为17%，该群体在高价眼镜市场中的顾客数占比为21.2%，月开支在1500元以下的A高校学生占比很低，在各类眼镜市场中的占比也很低。

（15）大部分被调查者认为宝岛在品牌知名度、产品质量、产品款式、服务质量、硬件设施方面优于绝大多数竞争对手，在产品价格上也比绝大多数竞争对手更实惠。大部分被调查者认为家乡在品牌知名度、产品质量、产品款式、服务质量、硬件设施方面优于宝岛，在产品价格上也比宝岛更实惠。

（16）大部分被调查者不去宝岛的原因是不知道宝岛，少部分不去宝岛的原因是距离远。大多数被调查者对宝岛的建议是开展优惠活动和加大宣传，只有少部分建议宝岛提高产品质量和服务质量，增加款式等。

（二）建议

（1）近视眼镜存量市场规模远大于增量市场，存量市场由消费者更新眼镜而产生，故宝岛近视眼镜经营重点在于提高顾客对宝岛眼镜的忠诚度；而太阳眼镜、防辐射眼镜和隐形眼镜的增量市场相对较大，故宝岛要采取有效措施吸引新客户。

（2）宝岛要按各类眼镜产品项目的占比来确定各类产品项目的采购占比，例如采购近视眼镜产品时，基本按55%的金属架、30%的塑料架、15%的混合架来采购近视眼镜，其他眼镜产品的采购依次类推。

（3）宝岛要按照A高校学生购买眼镜的目的采购合适的产品，例如A高校学生购买近视眼镜既有矫正视力、提高视力的目的，也有塑造形象、护眼保健的目的，宝岛要选购具备上述多种功能的近视眼镜；而A高校学生购买远视眼镜只有矫正视力和提高视力的目的，宝岛要选购具备上述两种功能的远视眼镜。

（4）宝岛要根据不同眼镜产品类型进行定价。近视眼镜和远视眼镜定价以中高价、高价为主（501~700元及700元以上），兼顾低价，防辐射眼镜要采取高、中高、中低三种定价，太阳眼镜采取高、中低两种定价，隐形眼镜全部定低价。

（5）宝岛要加大广告宣传，广告内容要根据决策考虑的关键因素进行设计，例如对于近视、远视、隐形产品，广告要强调其质量好、品牌知名度高、佩戴舒适及价格优惠，广告媒体以店面招牌和网络为主，同时强化老客户的口碑传播，对老客户介绍新客户要进行奖励。

（6）在购买眼镜的A高校学生中，只有20%的在宝岛购买产品，而宝岛在品牌知名度、产品质量、产品款式、产品价格、服务质量、硬件设施方面均优于绝大多数竞争对手。故宝岛要加大宣传，采取以旧眼镜折价的促销方式，吸引竞争对手的顾客更换眼镜；继续保持宝岛在质量、价格、服务等方面的优势，使得无论顾客何时购买眼镜都能获得高质量的产品、优惠的价格和良好的服务。

参考文献

[1] 保罗·海格,等. 市场调查宝典——行动刚要[M]. 林岱,译. 上海:上海交通大学出版社,2005.

[2] 小卡尔·迈克丹尼尔,等. 当代市场调研[M]. 范秀成,译. 4版. 北京:机械工业出版社,2005.

[3] 纳雷希·K. 马尔霍特拉. 市场营销研究应用导向[M]. 涂平,等译. 北京:电子工业出版社,2002.

[4] 戴维·阿克. 营销调研[M]. 魏立原,译. 7版. 北京:中国财政经济出版社,2004.

[5] 范云峰. 营销调研策划[M]. 北京:机械工业出版社,2004.

[6] 甘碧群. 市场营销学[M]. 武汉:武汉大学出版社,2003.

[7] 岑咏霆. 营销调研实训[M]. 北京:高等教育出版社,2003.

[8] 杨汉东,邱红彬. 营销调研[M]. 武汉:武汉大学出版社,2004.

[9] 景奉杰. 市场营销调研[M]. 北京:高等教育出版社,2001.

[10] 王若军. 市场调查与预测[M]. 北京:北京交通大学出版社,2006.

[11] 叶伟. 市场调查与预测[M]. 北京:北京理工大学出版社,2011.

[12] 王文华. 市场调查与预测[M]. 北京:中国财富出版社,2010.

[13] 阮红伟. 营销调研[M]. 北京:清华大学出版社,2011.

[14] 周宏敏. 市场调研实训教程[M]. 北京:经济管理出版社,2011.

[15] 庄贵军. 市场调查与预测[M]. 2版. 北京:北京大学出版社,2014.

[16] 刘红霞. 市场调查与预测[M]. 3版. 北京:科学出版社,2014.

[17] 马瑞学,黄建波. 市场调查[M]. 北京:中国财政经济出版社,2015.

[18] 刘常宝. 市场调查与预测[M]. 北京:机械工业出版社,2017.

[19] 李国强,苗杰. 市场调查与市场分析[M]. 3版. 北京:中国人民大学出版社,2017.

[20] 王凤羽,冉陆荣. 市场调查与统计分析[M]. 北京:经济管理出版社,2018.

[21] 金焕. 市场调查与预测[M]. 北京:中国劳动社会保障出版社,2018.

[22] 孟雷,李宏伟. 市场调查与预测[M]. 2版. 北京:清华大学出版社,2019.

[23] 丰晓芳,涂志军,郭学慧. 市场调查与预测[M]. 广州:华南理工大学出版社,2019